谷本奈穂

社会規範と自己満足を超えて

美容整形というコミュニケーション

花伝社

本書での記述について説明しておきたい。「美容整形」は標榜科目ではなく、俗称である。標榜科目とは、厚生労働省が定めた名称で、医療機関が広告することができる診療科名のことであり、現在では、美容外科や美容皮膚科などが認められている。しかし、メスを使わない（外科的な処置ではない）施術が増加している今、むしろ美容整形という俗称の方がより広い含意をもつといえる。本書では、メスを使うものを「美容外科手術」、使わないものを「美容医療」、双方にまたがる場合「美容整形」（という俗称）を使う。

美容整形というコミュニケーション——社会規範と自己満足を超えて◆目次

第Ⅱ部 美容整形を受ける人々——動機・特徴・コミュニケーション

はじめに

本書の目的

地方都市のある店でパートタイム労働者として働く60歳代の女性。趣味はテレビを見ることで、店の仲間と番組の話をすることを楽しみにしている。悩みは持病の頭痛。以前は旦那と2人暮らしだったが、結婚して独立していた娘が、離婚して子連れで実家に戻ってきた。「パートで稼ぎながら、孫の面倒も見なきゃいけない」とこぼして笑う。そんな平穏な暮らしを送っていたが、ある時、彼女は美容整形を受け、シミとシワを消した。

従来、美容整形といえば「コンプレックスを解消したいから」「異性にモテたいから」受けると考えられてきたが、彼女の例はそれに当てはまらない。外見に強いコンプレックスを抱いていたわけでも、ましてやモテたいと思っていたわけでもないと彼女はいう。また、話を聞くかぎり、周囲が彼女に「美しくあれ」「若くあれ」という呪いをかけた（社会学的にいえば社会が作り出したイデオロギーに踊らされた）わけでもないようだった。あくまで自己満足のために整形を受けたと彼女は語っている。

ただし「きっかけ」はあった。美容整形へと彼女の背中を押す契機が日常の中に潜んでいたのである。筆者の調査では、このようなきっかけは彼女特有のものではなく、多くの人（特に女性）に共有されるものであった。では、それは一体何なのか。本書は美容整形への契機を明らかにすることを目的としている。

そのために、女性たちに直接アプローチして質問紙調査（以下分かりやすいようにアンケートと記す）とインタビューを行う。と同時に、彼女たちを取り巻くメディアや医療の実態も調査分析していく。美容整形を受ける人の意識を明らかにするためには、インタビューとアンケート調査を通して「内側を見る」アプローチと同時に、周りにあるメディアと医療の内実を探る「外側を見る」アプローチも並行して行うことが必要である。内と外から調査をすることで、より深く美容整形という現象を理解できるだろう。

美容整形を考察する意義

そもそも美容整形を調査分析する必要があるのかという疑問もわくだろう。その疑問に対して、まず、身体（加工）を考えることが、私たちの自己アイデンティティと社会のあり方を考えることに繋がると指摘したい。

第一に、身体は自己アイデンティティと結びついている。「どのような身体に生まれてきたか」、そして「どのような身体に変えていくのか」によってアイデンティティは形成される。だとしたら、身体（加工）を抜きにして、私たち自身のことを理解することはできない。第二に、同時に身体は社会的な構築物でもある。どのような身体が望ましいか——痩せている方がいい、目は二重まぶたがいい等——は、社会が作り出しており、私たちは社会規範によって望ましい身体を強制されている。したがって、身体（加工）の議論を経ずに、社会について考察することもできない。特に、身体加工の中でも美容整形という現象は、医療やジェンダー、メディアなど様々な要素が、個人の身体上に具現化される〈場〉として重要なものである。

次に、現状すでに日本は美容整形大国とも呼べる国になっている事実を指摘したい。美容整形の「正確な」症例数は把握できないが、参考になる数値として、国際美容外科学会（ＩＳＡＰＳ）の調査で美容整形施術数が公表されている。[1] ＩＳＡＰＳに入っている医師への調査であり、国によってはデータがないこと、及び各国の人口が異なることなどに留意が必要だが、この数値が最も参照できるデータの一つである。２０１６年では、世界における美容外科手術件数は１０４１万７３７０件であり、うち日本は20万９０１７件、症例数は世界で12位となっている。美容医療（非外科的処置）は１３２０万９５３９件であり、うち日本は92万８９６０件で、症例数でいうと世界でも3位まで跳ね上がる（そのため、合計件数でも世界で３位となっている）。日本は、世界でも有数の美容整形が盛んな国といえるのである。

さらに、いつ頃から美容整形が耳目を集めるようになったかを雑誌の記事検索で調べてみた

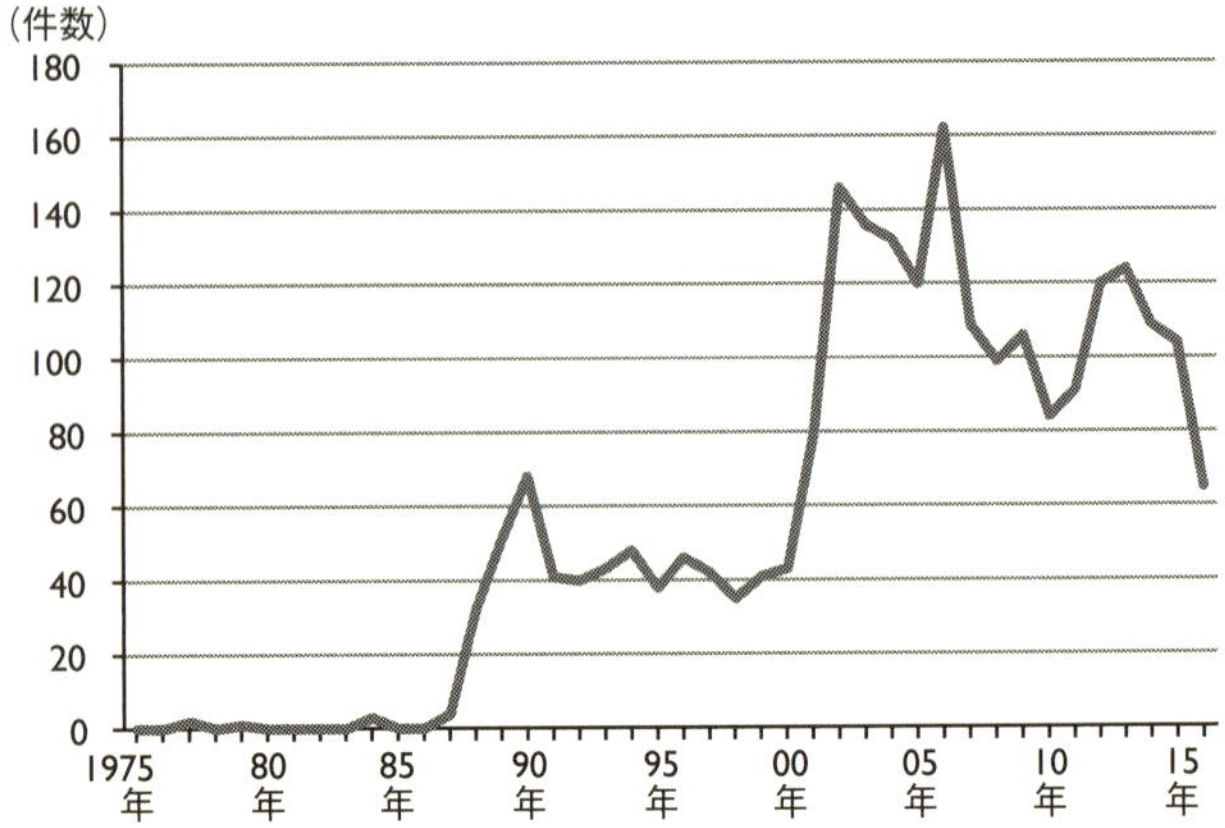

図０−１　美容整形関連の記事数

ところ、[2]図０−１の結果となった。これは、「美容整形」、その古い名称である「整容」、近年の名称である「美容医療」、「プチ整形」、それに標榜科目である「美容外科」、「美容皮膚科」というタームが記事名に入っている件数を算出したものである。全体として増加傾向にあることが確認できる。増加傾向の中でも、一つの山が90年代はじめ、もう一つの山が２０００年代半ばにあり、近年に入ってことさら社会的な注目を集めていると分かる。

美容整形は実数としても数が多くなっており、メディアにおいても注目が増していると分かる。今後、社会学的な考察が必要な現象といえるだろう。

本書の特徴

これまでに筆者は調査分析から次の知見を得て

いる（谷本 2008『美容整形と化粧の社会学』新曜社）。

⑴化粧品広告の分析

1868〜2000年における化粧品広告から、「自然」「科学」「私性」「他者性」の4つの要素を抽出し、それら要素がどの時期に優勢になるかを確認した。

⑵美容整形の理由：自己満足の発見

先行研究では美容整形の理由として「劣等感があるから」「モテたいから」を想定してきたが、筆者の調査からは「自己満足のため」という理由が主流になっていることが明らかになっている。そして、一つには「モテたい」という意識はむしろ男性によく見られる身体観であること、もう一つには「劣等感」はないわけではないが少数派であり、外見を褒められることの多い人々は「自己満足」のため美容整形を希望すると答えることも見出した。

⑶「想像上の自己と他者」「モノが支える想像力」

美容整形を希望する人々のアイデンティティを考察し、他者と自己像を「想像上」で想定していること、その際の想像力は化粧品や衣服など「モノ」や「科学技術」によって支えられていることを明らかにした。

そしてその後、調査や分析を進めることにより、新しい知見を得ることができた。以下で、その知見を先取りしつつ、本書の特徴を説明しておきたい。

(1) 自己満足を超えて

美容整形の動機として現代では「自己満足」が主流であることを指摘したが、この「自己満足」という認識についてより深く掘り下げる。一つは、「自己満足」を語る時の「自己」とは一体どんなものかを明らかにする。もう一つは、実践者（美容整形を受けた人）は「自己満足」を語り、想像上の「他者」評価にしたがいつつも、同時に実在する限定的な「他者」の評価は気にしていた。この「他者」とはいったい誰なのかを明らかにする（前著では他者評価を「想像」していることに焦点を当てたが、本書は実際の生活において評価を参照する他者を探ったのである）。

(2) 様々なアクターの関係性と相互作用

多くの先行研究では、美容整形の契機として、「個人の動機」や、「社会による規範」を挙げてきた。もちろん「個人」と「社会」というパースペクティブは重要なので、前著（谷本 2008）で「個人の動機」に注目し「自己満足」の議論を展開し、本書の第Ⅰ部で「社会規範」に注目してメディア分析を行っている。

ただし本書では別のパースペクティブも新たに付け加えたいと考えている。筆者は調査を続けるうちに、実は美容整形は、個人の動機あるいは社会規範だけでは説明できない現象なのではないだろうかと思うに至った。美容整形への契機は、整形を行う個人とその周囲の人、医者、メディア、行政など様々な「アクター」（Latour 1987, 1999, 2005）における「関係性」とその「相互作用」の中にこそ生じているのではないか、と。そこで本書では、関係性と相互作用——言わば日常的なコミュニケーションの位相——に焦点を当てることで、身体加工の議論に新たなパースペクティブを組み入れることも企図している。

(3) 調査方法について

美容整形の動機を探るには、当然、実践した人々にインタビュー調査することは欠かすことはできない。だが、筆者はインタビューだけでは足りないと考えている。なぜなら、インタビューによる語りはいわゆる「動機の語彙」[3]であり、実践者たちによる美容整形を正当化する戦略が無意識に含まれるからである。

したがって、第一に「一般的な身体意識を問うアンケート調査を組み合わせる」必要があると考えている。アンケート上の言葉もいわば動機の語彙になろうが、美容整形を希望する理由とは関係のない、もともと持っている日常的な身体意識を調べることで、美容整形を正当化する戦略は幾分か弱まるであろう。整形と一見関連のない調査を組み合わせてこそ、インタビューが初めて重要な意味を持つ。

第二に、アンケートの際には「比較分析」を行うことも重要であると考えている。美容整形という現象をとらえるときに、美容整形実践者だけに調査をしても不十分であるからだ。もし実践者への調査から、なにがしかの特徴を引き出せたとしても、その特徴が非実践者も持っているものならば（例えば実践者が劣等感を感じているという知見を得たとしても、非実践者も同様に感じていたら）、意味がない。実践者／非実践者において、社会的属性や意識が「どう違うか」を抽出して初めて、美容整形と結びつく特徴が明らかになる。

⑷医師たちの意識や状況

美容整形への契機が、様々なアクターによる相互作用の中で生じると捉えるならば、美容整形を受ける側だけではなく、施す側の意識や行動も調べる必要がある。そこでこれまであまり詳らかにされてこなかった、美容に関わる医師たちの語りを調べることにした。

⑸メディア分析：科学とアンチエイジング

美容整形への契機を生み出す相互作用のアクターには、メディアも存在する。そこでメディア分析も行うことにしたい。これまで美容整形は特殊な人が行うものという社会認識があり、「お金のある人々や有名人のもの」[4]、あるいは「芸能人がやること」[5]などと語られてきた。あるいは、一般の人でもせいぜい「若い人」が行うものとしてもイメージされていた。しかし、調査の過程で、美容整形が中高年女性を含めた「普通」の女性たちに広まってきたことが明らかになった。実際に、メディア上でも「アンチエイジング」「抗加齢」といったタームが頻出するようになり、中高年女性向けの美容雑誌も増え、社会的に見過ごせない事態になってきている。また、SNSでも美容情報を「一般の人々」が発信するようになり、本来、医師や研究者が解説すべき科学的なコンテンツを一般人が広めるようにもなった。そこで本書では、特に「アンチエイジング」や、一般人が発信する「科学」に注目しながらメディア分析を行うことにした。

本書の構成

本書は三部構成をとる。第Ⅰ部はメディアの分析、第Ⅱ部は美容整形を受ける人々の分析、第Ⅲ部は医師たちに対する調査である。

第Ⅰ部「メディアにみる社会規範――広告と美容雑誌」では、美容整形に至る以前の議論として、「外見をめぐる社会規範」をメディアから読み解いていく。1章「美容の科学、自然との共犯――化粧品広告と美容雑誌の分析」では、美容において「自然」と「科学」が巧妙に結び付けられていること、専門家ではない人々情報発信が重要になってきていることを明らかにする。2章「老いという病、肌本来という幻想――ミドルエイジ女性向け雑誌の分析」では、メディア言説の中で、老いが病と同じものとみなされ、科学によって肌本来（というありもしないもの）を取り戻す幻想を抱かされていることを指摘する。3章「女性の外見に対する社会規範――美魔女を事例に」では、ある雑誌企画から美魔女という存在が作り出され、彼女たちに対して多くの批判が生じたが、それらの批判を検討することで、女性に対するステレオタイプを明らかにする。

第Ⅱ部「美容整形を受ける人々――動機・特徴・コミュニケーション」は、本書の中心となる部分で、「相互作用」に焦点を当てた分析を行う。アンケート調査とインタビューを組み合わせながら、美容整形を受ける人々の属性と意識を探っていく。4章「自己満足の発見と二つの問い」では、筆者のこれまでの研究を簡単に振り返ると同時に、新たな課題を見出していく。また方法論も新たに据え直す。5章「美容整形を望む人々の特徴——自分・他者・社会との関連から」では、美容整形実践者・希望者たちが「自己満足」を語る時の「自己」とは一体どんなものかを考える。具体的には、美容整形と社会階層の関係に切り込み、美容整形を希望する人々の「社会的属性」と「希望を規定する要因」を明らかにする。6章「他者とは誰か——女性同士のネットワーク」では、美容整形実践者・希望者にとっての「他者」とは誰なのかを明らかにする。実践者・希望者は「自己満足」を語りつつも「他者の評価」も気にしているのだが、その場合の具体的な「他者」を、日常的コミュニケーションの位相に注目しつつ、比較分析を行うことで明らかにする。

第Ⅲ部「美容整形を施す人々の論理」でも「相互作用」に注目して、医師を巡る関係性を探り、美容整形の現状をより深く理解していく。7章「医師とクライアント」では、美容に携わる医師たちへのインタビューから、医師とクライアントの関係を明らかにし、8章「医師と医師——専門分野間の壁」では日本に二つ存在する美容外科学会の歴史を概観し医師たちのおかれた状況を見ていくと同時に、インタビューから医師どうしの関係性をあぶりだしていく。

以上、メディア分析、美容整形を受ける人の調査分析、施す人への調査を通じて、美容社会における身体意識と社会状況を明らかにしていきたい。

調査概要

最後に、筆者が行った調査概要を本文で説明すると煩雑になるので、ここでまとめて記しておこう。本書ではアンケート調査、インタビュー調査、雑誌調査、広告調査を行っている。

(1) 2003〜2013年にかけてのアンケート調査（合計4225名）

①2003〜2005年、関東・東海・関西の大学生男子607名、女子745名、計1352名への質問紙によるアンケート調査。

②2011年、25〜34歳、35〜44歳、45〜54歳、55〜64歳の男女各100名ずつ、計800名のインターネットによるアンケート調査。

③2013年20、30、40、50、60歳代の男女各206名ずつ、計2060名のインターネットによるアンケート調査。

煩雑さを避けるため、本文では、①を第1回アンケート調査、②を第2回アンケート調査、③を第3回アンケート調査と記す。質問項目の作り方は注を参照のこと。[6] 第1回アンケート調査は大学生に対する調査、第2回・第3回アンケート調査はインターネット調査であり、いずれも無作為抽出を用いていないので、検定の結果は必ずしも日本人全体の傾向を反映したものとはいえないことに留意されたい。ただ、本書では差の大きさを判断するためにカイ二乗検定、原因を推測するために重回帰分析を行い、参考にすることとしている。なおインターネット調査のサンプル内訳は注に示している。[7] 本書では、いずれの調査も、調査結果が妥当ではないとするほどのサンプルの偏りはないと判断している。

(2) 2003〜2017年インタビュー調査（計35名）、プレインタビュー（2名）

インタビュー調査は美容整形経験者とそれに携わる医師に行っている。インフォーマント一覧は次頁に示しておこう。半構造化面接にて聞き取りを行い、インフォーマントの語りは、個人の語りに焦点を当てるよりも、個人の物語に反映した共同体の物語としてカテゴリー化するアプローチを取っている。

(3) 雑誌分析

ミドルエイジ女性を対象とした雑誌の1年間分の美容記事、および美容専門誌の記事を素材とした、テキストマイニングを行っている。

(4) 広告分析

1868〜2000年における化粧品広告6030点を改めて分析し直した。

[注]

1 https://www.isaps.org/wp-content/uploads/2017/10/GlobalStatistics2016-1.pdf（最終アクセス2018年1月8日）
2 大宅壮一文庫のデータベースによる。
3 「動機の語彙」は社会学者C・W・ミルズによる概念である。動機とは、人の内部にある心理的状態や属性と一般には信じられているが、実は「類型的な語彙」であると彼は言う。私たちは自分や他人の行為を解釈した

表0－1　インタビュー調査におけるインフォーマント一覧

日本 インタビュー	美容整形希望者αさん	2005年（プレインタビュー）	20代、女性
	美容整形希望者βさん	2005年（プレインタビュー）	20代、女性
	美容整形経験者Ａさん	2006年8月12日	20代、女性
	美容整形経験者Ｂさん	2007年4月30日	30代、女性
	美容整形経験者Ｃさん	2007年5月7日	50代、女性
	美容整形経験者Ｄさん	2007年6月10日	20代、女性
	美容整形経験者Ｅさん	2007年6月10日	20代、女性
	美容整形経験者Ｆさん	2011年11月25日	30代、女性
	美容整形経験者Ｇさん	2011年11月22日	50代、女性
	美容整形経験者Ｈさん	2012年6月26日	60代、女性
	美容整形経験者Ｉさん	2017年6月19日	30代、女性
	美容整形経験者Ｊさん	2017年6月19日	20代、女性
	医師Ｋ先生　外科	2011年9月19日	非表示
	医師Ｌ先生　皮膚科	2011年10月20日	非表示
	医師Ｍ先生　外科	2011年11月22日	非表示
	医師Ｎ先生　外科	2011年12月13日	非表示
	医師Ｏ先生　皮膚科	2012年3月6日	非表示
	医師Ｐ先生　外科	2012年3月6日	非表示
	医師Ｑ先生　皮膚科	2013年2月20日（同僚にＲ先生がいる）	非表示
ドイツ	美容整形経験者Ｓさん	2005年9月3日	50代、女性
	美容整形経験者Ｔさん	2005年9月3日	30代、女性
	美容整形経験者Ｕさん	2005年9月3日	20代、女性
	医師Ｖ先生	2005年9月2日	30代、男性
	医師Ｗ先生	2005年9月2日	40代、男性
韓国	美容整形経験者Ｘさん	2005年9月30日	40代、女性
	美容整形経験者Ｙさん	2005年9月30日	50代、女性
	美容整形経験者Ｚさん	2005年9月30日	20代、女性
	美容整形経験者ＡＡさん	2005年9月30日	30代、女性
	美容整形経験者ＡＢさん	2005年10月1日	30代、女性
	美容整形経験者ＡＣさん	2005年10月1日	20代、女性
	医師ＡＤ先生	2005年9月30日	40代、男性
	医師ＡＥ先生	2005年9月30日	40代、男性
台湾	整形経験者ＡＦさん	2006年12月2日	30代、女性
	整形経験者ＡＧさん	2006年12月2日	20代、女性
	整形経験者ＡＨさん	2006年12月2日	40代、女性
	整形経験者ＡＩさん	2006年12月2日	30代、女性
	医師ＡＪ先生	2006年12月2日	40代、男性

※日本の医師については個人が特定しづらいように年代と性別は非表示にした。

り説明したりするときに、既成の語彙を使用するということだ。本書4章も参照。

4 Lorence, Z., P. and Hall, T., 2004, *Little Work: Behind the Coors of a Park Avenue Plastic Surgen*, St. Martin's Press.（＝２００５、安藤由紀子訳『セレブな整形』文藝春秋）

5 中村うさぎ、２００３『美人になりたい』小学館、29頁

6 調査票の選択肢は次のように作成した。まずプレ調査を行い、各々の質問に対する自由回答を得た。その自由回答に基づいて選択肢を作成し、第1回調査を行っている。続く第2回調査では、第1回調査の選択肢から、不要になった項目を削除するとともに、新たな項目（年齢にかかわる項目）を付け加えた。第3回調査でも、第2回調査の項目の一部を削除して新たな項目を付け加えた。また第1回調査項目で使用した「自己満足のため」という選択肢は、さまざまな他の要素も自己満足と呼べることから、「自分の心地よさのため」という文言に変更している。

なお、調査票において「美容整形」と「美容医療」というタームを使用しているが、「美容整形」はメスを使った手術、「美容医療」はメスを使わないでレーザー、投薬、注射などを用いた、プチ整形とも呼ばれる施術であることを、調査票の冒頭で調査対象者に対して説明してある。

7 ２０１１年の分析対象８００人の内訳であるが、世帯年収で見ると、４００～５９９万円が25・９％と最も多く、次に多いのが２００～３９９万円で23・５％である。学歴は、四年制大学卒業が40・８％と最も多く、次いで高校卒業23・６％となっている。また、２０１３年の分析対象２０６０人の内訳であるが、世帯年収で見ると、４００～５９９万が22・２％で最も多い。国税庁の平成24年民間給与実態統計調査結果によるとサラリーマンの平均年収は４０８万なので、その層と一致していると思われる。職業で見ると、技術系、事務系、その他合わせて会社員が33・１％、専業主婦（主夫）が21・８％と多くなっている（男性だけであれば会社員49・５％、女性は専業主婦が43・４％で最も多い）。学歴は、四年制大学卒業が36・３％と最も多く、次いで高

校卒業32・4％となっている（男性だけであれば大学卒業が47・8％、女性だけであれば高校卒業が37・4％と一番多い）。

第Ⅰ部　メディアにみる社会規範——広告と美容雑誌

1章　美容の科学、自然との共犯――化粧品広告と美容雑誌の分析

美容皮膚科医が書いた本の帯にあった謳い文句。[1]「女性を救うのは科学です」

1　美容の科学

これまで女性は自然と親和性が高く、科学とは疎遠であると語られてきた（自然というタームには様々な意味が含まれるが、ここでは草花や果実のような自然物を指して使用することにしよう）。しかし、実のところ、女性は科学とも強く結びつけられている。その場合の「科学」とはどのようなものかを、本章では見ていきたい。

まず、女性と自然の親和性についていえば、過去から現代に至るまで、女性の美を表すのに自然物が比喩としてひんぱんに使われることが指摘できよう。ルネサンス期の詩において、女性の目の輝きは太陽や星の輝きに喩えられ、頬は白バラか雪に、胸はミルクに喩えられ、女性美は自然物として表象されてきた（F・パクトー（Pacteau, 1994=1996））。近代以降でも、ある

ファッション雑誌は次のように語っている。「春のパレットを取り出し、思いきってアザレアと椿のピンク、柔らかい緑と黄、青とシラのライラックやアネモネやトキワバナを混ぜてみる。すると……リンゴの花びらのような肌や、アンズまたはティーローズの花びらのような肌になる」（R・コーソン、1972、506頁、ファッション雑誌『ザ・クイーン』1957年の記事）。もちろん、日本でも女性は自然物にたとえられ、「立てば芍薬、座れば牡丹、歩く姿は百合の花」といったことわざも存在するくらいである。

それに対して、女性と科学の疎遠さについていえば、理系を専攻する女性や、科学者である女性が少ないという事実に注目することができよう。女性が少ない理由の説明は論者の立場によって様々にある。男女の染色体の違いから説明する議論、男性中心の社会で女性の昇進が阻まれているという「ガラスの天井」のような議論、またそういった「科学自体がジェンダー化されている」ことの問題性を明らかにする議論などである（E.F.Keller（1992=1996）を参照）[2]。だが、いずれにせよ、それらの議論のすべてが「女性が科学から遠ざけられてきた」ことそのものは、「事実」として前提している。

しかしながら、女性は「科学から遠ざけられてきた」だけではなく、むしろ美容の領域では、女性は科学と結びつけられてきた。たとえば化粧品広告において、女性の身体は科学的なタームと強く結びつけられている（谷本 2008）。化粧品広告の中で、科学は女性に強くアピールする要素として利用されているのである。1868年〜2000年における化粧品広告6030

点のキャッチフレーズを文節で分け、それらを類型化した上で、時代ごとのパーセンテージを出すと、**表1-1**のような結果となる。科学や医療に関わるタームがどの時期にも多いことが分かるだろう。

特に多い四つの要素のみを抜き出してグラフ化すると（図1-1参照）、科学的なタームは、明治、大正、昭和初期の第二次大戦前までと、1980年代以降に多いと分かる。戦後、著しく経済が成長した1960〜70年代には一時的に減少するものの、その時期でさえも一貫して登場し続け、消えることはなかった。化粧品広告においては、科学的タームは継続的に最も女性にアピールする要素となっているのである。つまり、ある意味で、女性と科学は結びついてきたといえよう。

しかしながら、女性に結びつく「科学」とは、いったいどのようなものなのであろうか。これを本章では考察していきたい（科学というタームも多様な意味をもつが、本書では「美容という領域における科学的に見える言葉」として使用する）。

具体的には、科学的な言葉が多く見られる80年代以降の「化粧品広告」および「美容雑誌」に注目する。そして、それらの中で「科学」と呼ばれるものがどういった特徴を有しているかを明らかにしていく。

まず2節では明治から平成までにおける美容の言説を特徴づけ、便宜的に時代を分類する。次に3、4節では、80年代以降を他の時期と比較し、広告と雑誌の分析を通じて詳細に見てい

表１－１　化粧品広告における各時代の要素

（%）

	科学・医療	自然性	あこがれ	身近さ	美しさ	異性	国威	状態	その他
明治	37.17	9.73	30.09	5.31	6.19	0	6.19	0	7.08
大正	37.21	5.81	17.44	2.32	9.3	0	5.81	0	19.77
昭和初期	23.78	6.49	5.41	9.19	13.51	1.08	10.27	0	35.14
45-59	27.03	5.41	5.41	9.01	12.61	7.21	2.7	0	30.63
60 年代	2.07	23.64	4.55	8.82	10	2.73	0	14.55	33.64
70 年代	4.59	12.53	4.28	12.23	4.89	3.36	0	7.03	51.07
80 年代	18.7	12.98	1.91	10.69	2.67	2.67	0	8.78	30.15
90 年代	28.85	13.94	2.4	8.65	3.85	6.25	0	11.05	36.54

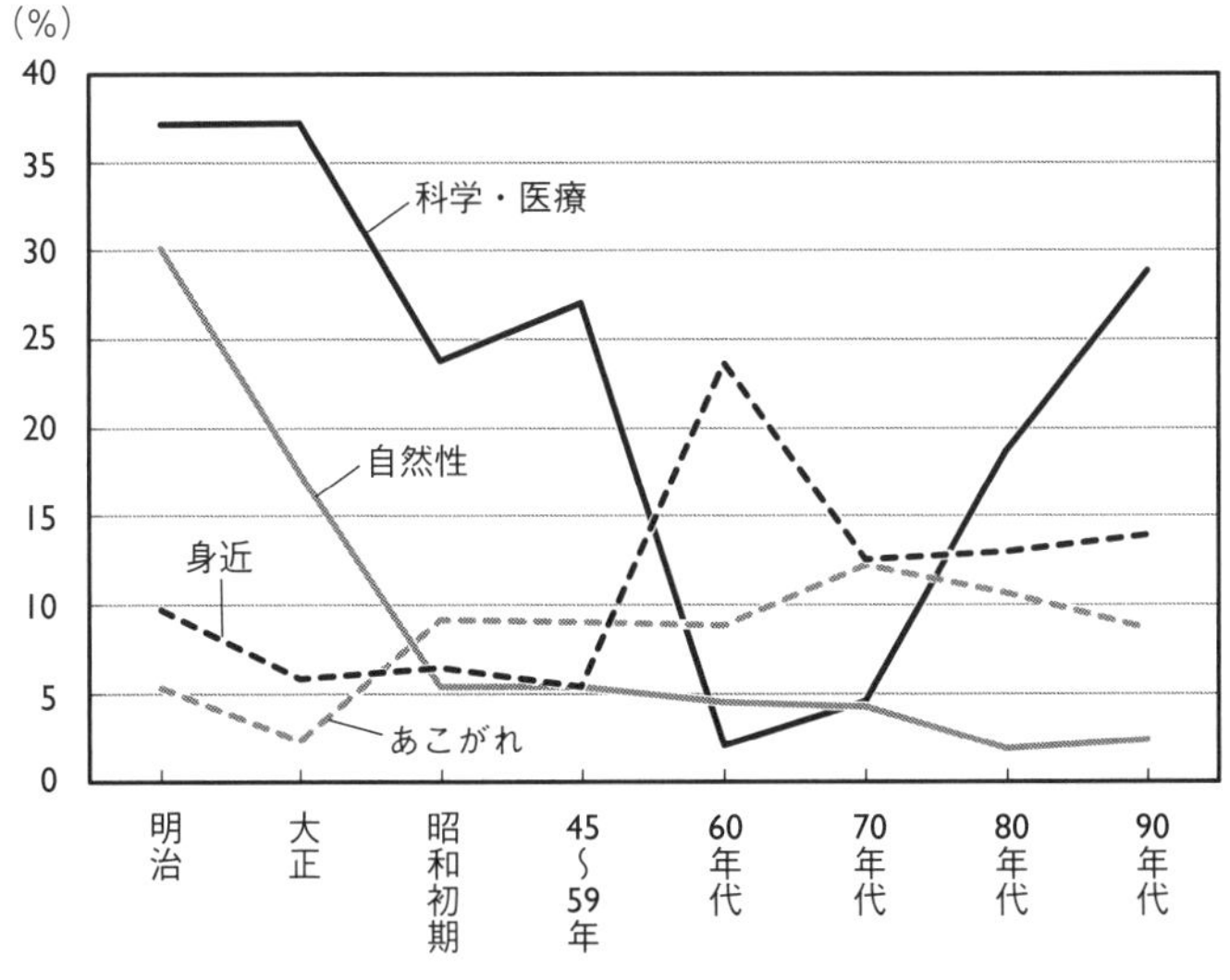

図１－１　要素の増減

く。最後に5節で美容の科学についてまとめていきたい。

2 「衛生の時代」「自然の時代」「成分の時代」

先の資料(図1-1)における科学的なタームの増減から、時期を便宜的に分けよう。科学的タームの多い第二次大戦以前、減少する60~70年代、再び増加する80年代以降の三つの時期である。乱暴な区分けになるのは承知の上で(例えば、第二次大戦期以前と一口でいっても、そこには多様な差異が存在する)、科学的言説という観点からの変化を把握するために、本論ではこの三つに分類する。先取りすると、第二次大戦以前を「衛生という近代化を目指す時代」、60~70年代を「自然をアピールする時代」、80年代以降を「化学的な成分の時代」と位置づけることができるだろう。

2-1 第二次世界大戦以前——衛生の時代

明治期に科学的な言葉が多いのは、文明開化の中で化粧品は殖産興業の一翼を担っていたこと、明治政府の化粧品産業に対する期待が蘭学へと向けられていたことに起因するだろう。大正、昭和初期でも、明治期の傾向が継続しており、皮膚医学や香粧品科学(香水、化粧品についての科学)などの研究がますます盛んになっており、さらに科学的な言葉が重要性を増していくこととなる。
明治・大正期の言説について、歴史学者の成田龍一（1993）は、美と衛生が同時に言及されるようになったと指摘している。[3] 彼によれば「1920年前後以降の衛生をめぐる議論は、しばしば『美意識』と『生』に連関しつつ論じられる特徴を持つ。身体の衛生が主張されるとき、身体の美しさやセクシュアリティの観点が持ち込まれ言及され、衛生が『美』と『性』を同伴、そこを論点とすることが顕著となる」（成田1993、75頁）という。その指摘の通り、この時期における化粧品広告の中で、美容の「科学」は肌荒れやニキビを防ぐといった「衛生」を目指すものになっている。同じ傾向は、1920年代後もしばらく継続することになる。広告の文言を拾ってみると次のような内容が目立つのである。

〈広告〉
例1：「如何な寒中にもけっして肌膚の荒れる事無く、常に皮膚を整えて肌理を細かく色艶美しくなる事、不思議の効能があります」（1912）
例2：「数滴で数分で立派な化粧！　衛生上にも優秀第一の白粉」（1925）
例3：「心ある御家庭にはぜひ常備せられたき皮膚衛生薬」（1931）
例4：「ウテナバニシングは乳化作用が完全なため、さらりと快くお肌に溶けて均等にノビ、烈しい陽の直射を遮り陽ヤケを未然に防ぎます。尚皮膚深部に浸透した美肌素の培いは、ニ

キビ、吹出物を改善させ、いつも白粉ノリのよい［…中略…］青春肌と致します」（1937）
例5：「吹出物やニキビ、肌アレを防ぎます」（1950）[4]

重要なことは、ここでいう衛生とは、近代化の象徴であることだ。衛生と近代のつながりは社会学の中でよく指摘されている[5]（例えばコルバン（1992＝1988）など参照）。日本のこの時期における「衛生」も近代化と強く結びついたものと考えられる。よって、第二次大戦以前を、「衛生という近代化を目指す時代」と捉えておきたい。

2-2　1960〜70年代――自然の時代

戦後の高度経済成長期には、化粧品は隆盛を極め、実際には科学的な発展がなされた。だが、広告などでは科学的な言葉は減少し、代わりに自然のイメージが強調され、自然回帰が語られるようになる（ただし自然の良さを説明する文章は「科学」的体裁でなされており、真正の自然回帰とはいえないことに留意しておきたい）。

科学的な言葉が減少した理由に、広告自体の変化を挙げることができよう。この時期にアメリカ流マーケティングが流入し、「イメージ」広告が流行する。それにより、科学的な「説明」文は陰に隠れることになる。また、1960年に薬事法で化粧品の安全性について規制され、広告についても一定の制限（効能に関する表現の制限）が加えられたことも一因である。

広告の変化や法律の変化に加えて、重要なのは当時の社会的な背景であろう。自然回帰が語られたこの時期には、公害が社会問題化し、消費者運動も盛り上がった。１９６８年には、消費者運動に取り組む全国地域婦人団体連絡協議会と結びついたちふれ化粧品が登場し、１９７１年には、その団体が再販化粧品に対する不買運動を展開する。化粧品が原因で皮膚が黒くなったとして、１９７６年には、大阪で化粧品公害被害者の会が結成され、１９７７年には女性たちが化粧品メーカーを相手に訴訟を起こし話題となった。したがって、科学的な言葉に対する拒否感が社会的に生じていたのであり、化粧品についても「自然」が称揚されるようになっていたのである。

〈広告〉
例１：「太陽に輝く美しさ」(1971)
例２：「春　なのに　コスモス　みたい」(1974)
例３：「あのこのあだ名はマスカット」(1979)[6]

したがって美容言説から見ると、高度経済成長期は「自然をアピールする時代」といえる。

2–3　1980年代以降——「成分」の時代

1980年代以降、再び科学的な言葉が増加する。[7] その背景については、当然、社会的な変化があるので3節以降に詳しく見る。ここでは、科学的な言葉が増加した要因として、広告や化粧品の変化を指摘するにとどめておこう。

一つには、広告のトレンドが、商品の良さを情緒的に訴えるソフトセル（Soft Sell）から、商品の直接の効用を謳うハードセル（Hard Sell）へ移ったことや、テレビショッピングのように時間をかけて多くの情報を提供するインフォマーシャルが増えたことにより、科学的な言葉が増えた可能性が高い（M・Mosdell（1995）、佐野山寛太（2000）を参照）。

もう一つには、化粧品について1980年以降、特に「機能性」をうたうものが売り出されたことも要因となろう。機能性化粧品とは、口紅であれば、単に色をのせるだけではなくて、色落ちしにくい、乾燥を防ぐ、紫外線を防止する、唇のシワや痩せを目立たなくするなどの機能をもつ商品のことを指す。[8] また、80年代に入ってオゾンホールが発見され、紫外線の害が話題になると同時に、美白成分が入った化粧品も主力商品となっていくことも見落とせない。

広告と化粧品のトレンドが変化する中で、美白成分や保湿成分、肌にハリを与える成分などが広告の中で目立つようになる。その成分として、アルブチンやレチノール、ビタミンC、コラーゲン、アミノ酸、エラグ酸、ヒアルロン酸、コエンザイムQ10、カモミラET、AHAなど、いずれも「科学的」に見えるタームが用いられる。

〈広告〉

例1：「天然色素β-カロチン」（1985）

例2：「ビタミンCとビタミンEを統合させたアクティブCE配合の保湿クリーム」（1990）

例3：「SAアミノ酸配合、そしてアルブチン効果　澄んだ素肌へ」（1993）

例4：「初めてのレチノール効果」（1993）

例5：「天然成分WAA配合の新スキンケア」（1993）[9]

80年代以降、化粧品広告において成分の名前そのものが女性にアピールするものとなっているとわかる。ただ、同じ特徴は、広告以外のメディアでも見られるのだろうか。

そこで、美容に関する知識を紹介する「専門雑誌」で確認していきたい。これまで美容情報は、ファッション誌やライフスタイル誌における一つのコーナーページとして載っていたに過ぎないが、1990年代以降、専門誌が登場し、美容情報を伝える主要なメディアとして自律していく。まさに美容の言説を丸ごと体現するメディアといえる。

さて、美容専門誌として、20～30代女性を対象とした『VoCE』（講談社）、『美的』（小学館）、『マキア』（集英社）、もう少し若い女性を対象にした『ビーズアップ』（アドウェイズブックス、以前はベルシステム24）などが挙げられる。[10]本論では、その中で先駆的な存在である『VoCE』

を選択する。雑誌登場から10年ほどたち記事の特徴が定まってくる頃であること、10周年記念特大号で情報量が豊富であることから、２００８年5月号を選び内容を分析した。[11] もちろん、選択した雑誌や年号によって言説の特徴は変わる可能性があり、必ずしも本論で抽出した特徴が、80年代以降の「美容の科学言説」を代表するとはいえないが、少なくとも、この時期における特徴の一つをとらえているとはいえるだろう。

まず、純広告を除き、タイアップ広告と広告記事は含めて一冊丸ごとデータ化した。その上で、質的データ分析ソフトを使って、[12] どのような言説が描かれているかをテキストマイニングで検討した。テキストマイニングとは、テキストを対象としながら、統計学などの技法を適用し知識を取り出す技術のことである。総文字数は47万３９０８字、抽出した単語数は26万８５９語（うち同じ単語を除いて異なった単語の数をカウントしたものは1万８９１５語）である。

分析したところ、美容専門雑誌の記事は大まかに三つに分かれることが分かった。一つは口紅やアイシャドウなどのメイクアップ関連の記事、もう一つは、化粧水や乳液などの基礎化粧に関する記事、そして美人に関するエッセイなどの美についてのライフスタイル記事である。科学的言説が特に多く現れるのが、基礎化粧に関する記事であったが、それ以外のカテゴリでも散見された。

さらに文章量を計測したところ、文章中に、医薬や医療、遺伝子、基底層といった「医学」を示すターム、アルブチンやハイドロキノン、レチノイン酸やトラネキサム酸といった「成分」を示すタームが含まれる段落は、31・46％にのぼった。全体の記事の約3割が科学的な言説であるといえる。

しかも、実際の記事の例を見ると、「量」が多いだけではなく、「質」としても「過剰」であることがわかる。必要以上と思えるほどの科学的な説明が、美容雑誌の中で繰り返されているのである。

〈雑誌〉

例1：m-トラネキサム酸と、純粋レチノールを独自の乳化技術により初めて組み合わせた、アイゾーン用美容液。美白成分によってシミ、そばかすを防ぎながら、純粋レチノールが複合成分ICトランスミューターと共に、なめらかでハリ感に満ちた印象へと導く。

例2：メーカーは日々成分研究に余念がない。［略］「iPS（万能細胞）発見で遺伝子系の開発も躍進。シミ、シワができやすいなど遺伝子情報に基づいたスキンケアの提案」、「プラセンタの細胞を培養して再生医療に応用」、「自分の細胞を培養してスキンケアの役割が大変革」、「生まれつきの美肌の遺伝子解析が進んで美肌の遺伝子治療が可能に」、「テロメアの延長技術の進歩。」

例3：エラスターゼ　肌に存在する酵素のひとつ。エラスターゼの中でも中性エンドペプチダーゼ（NEP）は、紫外線を浴びることで活性化されやすく、エラスチンの過剰分解やハリの喪失、シワの発生を招く。[13]

以上、科学的言葉は、化粧品広告のみならず美容雑誌においても、量的には多く、質的には過剰に立ち現れていることが確認できた。美容というフィールドにおいて、科学はもはや欠くことのできない要素となっていることが分かる。

さて、科学的な言葉が「どういった形式で読者に伝えられているか」というパースペクティブに立てば、80年代以降の美容の科学が、「成分」とイコールのものとして記述されていることに気づくだろう。つまり、かつて科学は「衛生」に寄与するものとして記述されていたのに対し、現在の科学は「成分」という化学のタームとして、読者に提示されているということである。したがって近年は、美容の「化学的な成分の時代」として位置づけることができる。[14] 以下3節と4節で、より詳細に80年代以降における特徴を、他の時期と比較しながら検討していく。

3　文化仲介者と科学的知識の重要視

ではまず、「成分の時代」（80年代以降）を検討するために、「衛生の時代」（第二次大戦前）と比較していくことにしよう。科学的タームが多いという点では同じであっても、「衛生を目指すこと」と「成分を前面に押し出すこと」は、意味が違っている。そこで、各時期における「科学」が「何と結びついているか」という観点から考察していきたい。すなわち、かつての「衛生」が何を準拠点としているのか、そして現在の「成分」は何と関わりが深いのかを見ていくのである。

3-1 「衛生」の基準となる西洋人

第二次大戦前（特に国粋主義の台頭で西洋に対する反発が強まるまで）、衛生が目指されるということは、すなわち、近代化が目指されていることに他ならないが、この時期における近代化とは「西洋化」の意味が強い。実際に、美容の科学で想定される準拠点は西洋（外国婦人）であった[15]。以下の広告の文章からも、その特徴が確認できよう。

〈広告〉
例1：「外国婦人が信用せる化粧品」（1908～1911）
例2：「貴婦人令嬢御採用」（1918）
例3：「舶来と同品質を作くることが一つできました」（1948）
例4：「欧米の上流社会で旋風のように流行を呼んでいるセクシーピンク」（1959）[16]

すなわち、美容が衛生という意味での近代化に寄与するものであり、その際の準拠点に西洋人がおかれているのである。この二つの特徴は、広告以外のメディアでも見られた。

例えば、大正期の雑誌における美容記事を見てみよう。そこでは、肌を美しく保つ化粧法や、ソバカスやニキビの処理方法、白粉で肌を荒らさない方法、一重まぶたを二重まぶたにする方法などの記述があり、現在の科学的言説に劣らない「科学」が登場する。例えば「ソバカスの手當法」として、腐蝕剤を使う「腐蝕法」と、剥離剤を使って表皮細胞の一部とともに色素を除去する「剥離法」の二つが紹介されている。現在でいえば、前者は美白剤を用いてソバカスを薄くするもので、後者はピーリング（肌の角質の一部を取り除くこと、薬剤を用いるものをケミカルピーリングと呼ぶ）でソバカスを取り除こうとするものである。いずれも、現代の美容外科・美容皮膚科やエステティックサロンで頻繁に行われている手法だ。そのような現代顔負けの「科学」的な手法と並んで、次のような記述がなされる。

〈雑誌〉

例1：就寝前には必ず顔の白粉を落しコールドクリームを塗り、よくマッサージを施して後、脱脂綿で拭き取つて床に就きます。かうすると顔に附着した埃《ほこり》を除き、脂肪を取り、毛孔が充分に開いて荒れが止り皮膚が美しく滑《なめ》らかになります。西洋人は毎晩當然《とうぜん》の仕事として怠らず行ひます。それ故年を取つても皺がなく、皮膚が艶かであります。（傍点、ふりがなは筆

者による）
例２：日本人の眼の多くは此輪廓のはつきりしない、所謂《いわゆる》一重眼瞼《まぶた》をしてゐるのであります。〔中略〕一重眼瞼の眼は、非常に小さくて生々した處《ところ》がありません。のみならず、上眼瞼の輪廓を蔽ひかくしますから、眼がドンヨリとしてゐるが常でありますが更によくないことは、垂れ下がった上眼瞼の皮の爲に下方に壓迫《あっぱく》された睫毛は、その尖端で眼球を突いたり、眼に非常な害を與《あた》へるものであります。之に反して、二重眼瞼は之等の弊害がなく、見たところに愛嬌があって、誰しも成らうことなら二重眼瞼にして欲しいと思ふでありませう[17]（傍点、ふりがなは筆者による）

いずれの引用も、美容の科学は、西洋と日本との対比と結びついている。例２の引用では、西洋人に比べて日本人は一重まぶたが多いという事象を示唆するにとどまらず、一重まぶたが目にとって害をなすかのような記述で、美醜の面だけではなく、衛生の面から二重まぶたを推奨しているのが読み取れる。

例２の著者は、他の箇所で目の色にも言及し、「白色人種の眼は、一番綺麗であります」として、皮膚の色素が増すほど目の色は汚くなると断言している。だがそこでもやはり、美観の問題であったはずの議論が、衛生の議論にすりかわり、「慢性の結膜炎なども、眼のきたないことには、非常に大きな關係《かんけい》をもつている」とされ、結膜炎が「たださへ美しくない我々の眼を臺《だい》なしにしてしまふ」と主張されることになる。

すなわち、広告や雑誌において、美容の科学言説は「衛生を目指し西洋に追いつき追い越すことを訴える」ものとなっていると考えられるだろう。

3-2　「成分」と結びつく文化仲介者

もちろん80年代以降の「成分の時代」でも、科学に「衛生」という意味合いがなくなったわけではない。前述の美容雑誌のデータ約26万語のうち、西洋製の化粧品はたくさん登場しているし、「健康」「肌荒れ」「ニキビ」といった言葉も出てくる。とはいえ、西洋を基準にするというほどの記述は少なく、ストレートに衛生を強調する言説もさほど多くはない（ちなみに「衛生」というタームは入っていなかった）。

そこで実際に、「成分」がどのようなタームと結びついているかを確認するべく、階層的クラスター分析を行った。階層的クラスター分析とは、出現パターンが似ている（同じ文書の中によく一緒に出現する）データを、同じグループ（これをクラスターと呼ぶ）にまとめる手法である。要するに、図1-2で隣り合っているタームほど関連が深いと見なしてよい。分析結果の一部を図1-2に示しているが、「成分」と隣り合うタームに注目されたい。

第一に、「成分」はまず「科学」と結びついている。このことで、80年代以降における美容の科学的言説が「成分」と結びついているとはっきり分かる。

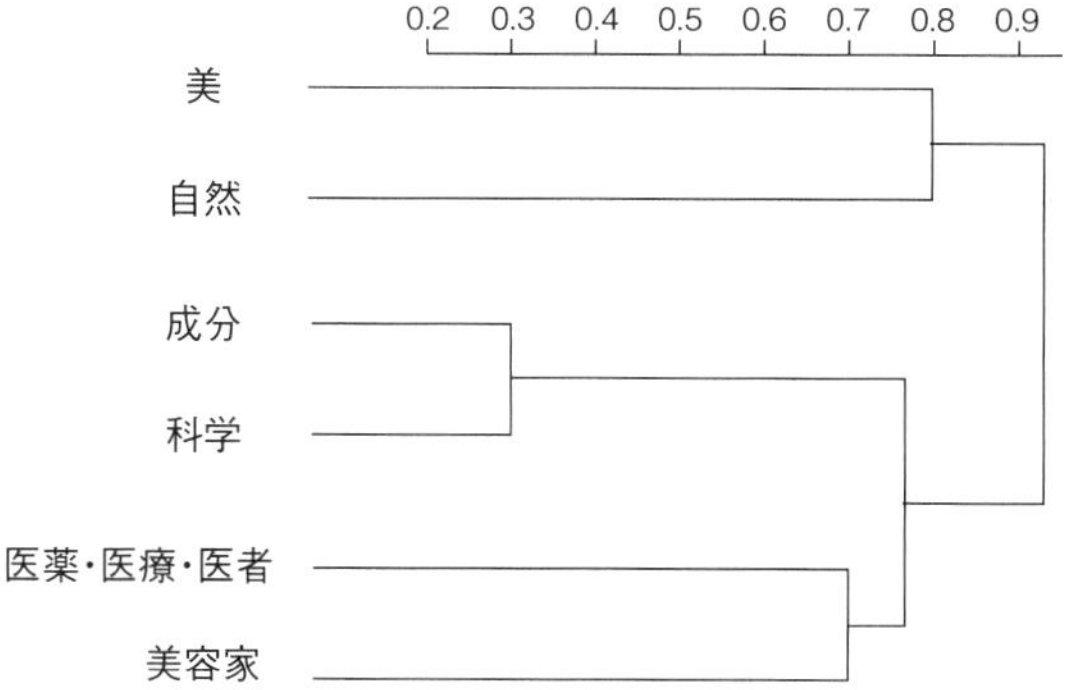

図１－２　成分と結びついているターム

第二に、「成分」と「科学」は、「医薬・医療・医者」と「美容家」と結びついている。成分や科学的な言葉と、強く関連している人々が存在していることが重要である。かつての「衛生」が「西洋人」と関わりが深かったように、「成分」も「ある種の人々」と関わりが深いのである。成分は「医者」という「専門家」が関係する一方で、美容家も関係する。これは肩書が美容ライター、美容エディター、美容ジャーナリストなどである人々を指し、言ってみれば、「専門知識の豊富な非専門家」のことである。

実際の雑誌記事の中で「専門家」や「専門知識の豊富な非専門家」が、どの程度「科学的言説」と関連しているかを、さらに Jaccard の類似性測度値で調べた。Jaccard の類似性測度値とは、双方の言葉がどのくらい同時に出現するか（＝共起）の程度を示す値のことで、値が大きければ何らかの強い関連があったと見なせるものである。類似性測度値は０・３０２であり、両者が強く関連しているといえる数値を示した。

また、同時に、全段落の中でこれらの人々がどのくらい登場しているかを計測したところ、18・05％にのぼった。美容言説の中で、「専門家」「専門知識の豊富な非専門家」が重要な位置づけにあることが分かるだろう。

特に注目したいのは、後者（専門的知識の豊富な非専門家）である。こういった人々を、M・フェザーストン（1991=1999, 2003, および 1995=2009）は「新しい文化仲介者」と名づけ、消費文化が進展した社会に特徴的な役割を果たす人物であるとしている。彼によれば、現代では、知識は専門家の独占する「象徴財」ではなくなり、知識そのものが一般の人にとっての「商品」と化すようになった。したがって、専門家と素人の間に立って、知識を伝える人々の重要性が高まることになる。そこで「新たな文化仲介者」が登場し、専門的知識を分かりやすく素人＝消費者に伝える役割を果たすことになるという。

確かに、これまで美容についての知識は基本的には専門家（化学者、医者、メーカーの研究員）同士で交換されてきた。言いかえれば、専門家世界のなかで閉じており、知識は専門家が独占していた。

だが、1990年代ごろから美容ライターや美容エディター、美容ジャーナリスト、ビューティーサイエンティストという職業が登場し始める。実際にそのような人々が活躍する場も広がりをみせてくる（衛生の時代にも美容家と呼ばれる人々は存在していたが、現在のように広範囲の活躍はできていなかった）。

化粧品や美容整形情報を載せる美容専門誌がメディアとして自律し、インターネット上でも美容情報を扱うサイト（「@cosme」「iVoCE」など）が登場してくる。そこでは、化粧品や美容器具に関心のある愛好者たちが、その使用感や効果などについて口コミ情報を書き込み、情報を交換し、共有しあっている。さらに、それらの巨大なサイトのみならず、個人のブログに美容情報を書き込んで発信する人々も登場し、その中にはカリスマ的な人気を博す人もいる。雑誌においても、ネットにおいても、専門家だけではなく、文化仲介者が大きな役割を果たしていることが推測されるだろう。今や、まさにフェザーストンの指摘する文化仲介者によって、知識が人々に伝えられるようになったのである。

3-3　知識獲得の重要視——神としての科学

さて、かつての「衛生」が「西洋人」と結びつくのに対して、現在の「成分」は「専門家」「新しい文化仲介者（知識の豊富な非専門家）」と結びついていると分かった。言説における専門家や文化仲介者は、科学的知識を私たちに伝える役割を担っている。ここで一つの疑問がわくだろう。なぜ、専門家や文化仲介者が、科学的言説と結びついて記述されなければならないのか。

一つの理由は、単純に「権威付けのため」であろう。それは以前も今も変わらない。「衛生の時代」においても美容記事に医者が登場することもあり、科学の専門家を権威として崇める態度は見られる（ただし、かつての言説が目指していたことは、医者という権威を通じて、衛生と西洋化と渾然一体となった「近代化」を達成することである）。現在も、医者や研究者の言葉を引用することで、科学的知識に権威を持たせる構造はある。

しかしそれだけではないだろう。今、言説の前面にせり出してきているのは、誰かの「権威」よりも、「成分に関する知識そのもの」であるからだ。よって、もう一つの理由が重要になる。非専門家たる文化仲介者が活躍する事態を考えれば、次の理由が浮上してくる。知識を「消費しやすい形にするため」である。美容ライター、美容エディター、美容ジャーナリストなど、成分を伝えるのは、権威の少ない非専門家であってもかまわない。読者にとって、成分名そのものが重要であって、誰が教えようと知識が理解できさえすればいいのである。むしろ権威の少ない非専門家が語ることで分かりやすくなるなら、それにこしたことはない。したがって、「成分の時代」では、西洋人や医者といった「権威」ではなく、「科学的知識そのもの」が価値を見出されていることになる。

かつての科学は、衛生や西洋化という形で「近代化」を目的としていた。いいかえれば、人々はかつて、科学の向こう側に、「目的」としての近代を見ており、科学はその目的に近づくための「手段」であった。価値があったのは、近代化なのである。

ところが、今日、近代化は一応の達成を見た。今では、科学の向こう側に目的としての近代は据えられていない。むしろ、手段であったところの科学（的知識）そのものが、目的となってきたと考えられる。つまり、何か別の目的を達成する手段として科学的知識を利用するのではなく、科学的知識自体が価値を持ち、人々に収集されるようになっているということだ。科学（的知識）は、手段から目的へと格上げされた。そしてそれ自体で崇められる、価値あるもの――まるで神のような――に祭りあげられたのである。

4　自然を取り込んだ科学

前項では「衛生の時代」と比較することで、「成分の時代」の「科学とよばれるもの」を明らかにした。次は、60~70年代に自然にまつわるタームが重視されたことに注目し、自然との比較から80年代以降の科学を考察していこう。

4-1　化粧品業界の動き

科学的なイメージが美容の世界で重要になるのは、雑誌などメディア上だけのことではなく、実際の化粧品業界の動きにも見られた。例えば、１９８０年代の日本で急成長した化粧品ブランドに、クリニークがある。クリニークが成功した要因はいくつかあるが、そのうちの一つには科学イメージをもっていたことがあげられる。商品は皮膚医学者と共同開発し、ブランドのカラーは白で統一して病院のような雰囲気を作り上げた。「病院を思わせるような白いカウンターや什器[21]」、「医者でなければ看護婦でもないのに、なぜか白衣を着た美容部員[22]」を配置して作り上げたイメージが消費者にうけたのである。

だがクリニークは、科学的イメージでアピールする一方で、香料を商品から排除し、シンプルケアも提案した。つまり、科学とは異なるイメージも重要視したのである。そして、クリニークの成功のあと、化粧品の世界では、一方では、皮膚科医が開発した（という触れ込みの）ドクターズブランドが台頭し、もう一方では、自然派をうたう化粧品も台頭してくる。一方で科学イメージが重要視され、他方で自然イメージも重要視されるという二つの事態が、化粧品業界の中で生じてきたのである。

4-2 メディア上の言説

この、科学と自然の両方を重視するような「実際の化粧品業界の動き」は、実は「メディア上の言説」とも連動している。現代的な美容言説では、「科学が自然を取り込んだものとなっている」あるいは「自然は科学的成分を内包している」と語られるのである。

本項でも美容雑誌の記事を分析してみよう。草花や果実といった「自然」と関連の深い名詞を記事の中から探索し、共起表現（双方の言葉が、どのくらい同時に出現するか）の抽出を行った。**表1-2**は、草花や果実が出現する場合に、同時に出現した言葉の順番を示している

表1－2 「自然」と関連の深い名詞

	抽出語	全体	共起	Jaccard
1	効果	173 (0.152)	58 (0.317)	0.1946
2	ケア	229 (0.201)	67 (0.366)	0.1942
3	成分	140 (0.123)	51 (0.279)	0.1875
4	スキン	150 (0.131)	47 (0.257)	0.1643
5	女性	165 (0.145)	49 (0.268)	0.1639
6	仕上がり	64 (0.056)	33 (0.180)	0.1542
7	ベース	72 (0.063)	34 (0.186)	0.1538
8	美容	192 (0.168)	48 (0.262)	0.1468
9	エキス	40 (0.035)	28 (0.153)	0.1436
10	香り	64 (0.056)	31 (0.169)	0.1435

が、上位にくる言葉ほど、草花や果実と何らかの関連があったと見なせると考えて良い。

上位に「効果」「ケア」「成分」「スキン」などがあがっている。つまり草花や果実は、スキンケアに効果のある成分として提示されているのである。言説上では、自然物が肌に働く有効な成分として描かれているわけで、自然と科学的なものの結びつきが見られる。

また、自然と関連の深い単語として9番目に入っている「エキス」に注目してみよう。「エキス」はまさに「成分」と深く関わるタームである。しかも、ある化粧品会社の研究員に聞き取りを行ったところ、[23] エキスとは「実際の効果よりも製品を特徴づけるもの」であり、[24] 実際に効果があるから入れられているというより、消費者にその商品をアピールするために入れられているものだという。したがって、エキスというタームから考察できるのは、「どのような成分が人々の心を掴むのか」ということに他ならない。

具体的に「エキス」を見てみると、次のようなものである。植物エキス、カモミールエキス、茶葉エキス、ゴマ発芽エキス、甘草エキス、ユズエキス、白樺エキス、ローズエキス、ラベンダーエキス、グレープフルーツエキス。いずれの「エキス」も、草花や果実と結びついていることが分かる。実際の記事を見てみれば、自然と科学の融合は、よりはっきりと分かる。

〈雑誌〉

例1：まず注目したいのが、こわれやすいビタミンCを安定化させて肌に届けやすくした成分「持続型ビタミンC誘導体」。そして、この美容液の最大のポイントが「持続型ビタミンC誘導体」の吸収力をアップさせる成分として見出された「グレープフルーツエキス」である。「グレープフルーツエキス」は肌細胞にあるビタミンCの入り口「SVCT（ナトリウム依存性ビタミンC輸送体）」を画期的に増やし、より多くビタミンCが吸収されるための道筋をつくってくれる〝縁の下の力持ち〟的成分。

例2：環境ストレスや内的ストレスによって肌がダメージを受けると、ケラチノサイトでニューロトロフィン4（NT4）と呼ばれる物質の産生が活発化する。するとそのニューロトロフィン4（NT4）が、メラノサイトの受容体と結合。それがメラニン生成の引き金となることが明らかになったのだ。そこでニューロトロフィン4（NT4）の過剰な産生を抑えるべく、ゲランが関発したのがパールリリー　コンプレックス。［略］夏の炎天下でも美しい白さを保つユリには、花の発色に関わる2種類の遺伝子が発現しないことに着目。さらに研究を重ね、純白のユリの根から抽出したエキスを配合した複合成分、パールリリー　コンプレックスを完成させたのだ。紫外線とともに、環境ストレスや内的ストレスにさらされる私たちの肌に、純白のユリが持つ、汚れなき白さのパワーを。[25]

ここでも「過剰」と言える科学的な説明がなされているが、素人には分かりにくい「ＳＶＣＴ」「ケラチノサイト」「ニューロトロフィン４」といった科学的言葉の横に、「グレープフルーツ」や「ユリ」といった自然をイメージさせる言葉が並んで登場する。そして果物や花という自然物が、科学的パワーの源であるように記述されている。こうして、美容の科学は自然を取り込んだものになっており、逆に自然は科学を取り出せるものとして描かれることになる。

4-3　科学的知識のさらなる強化：自然との隠れた結びつき

ここでも一つ疑問がわく。なぜ、自然が科学的言説と結びついて記述されなければならないのか。

一つには、成分が文化仲介者と結びつく理由と同じく、「科学的知識を消費しやすい形にするため」であろう。いかめしい「ＳＶＣＴ」「ケラチノサイト」「ニューロトロフィン４」といったタームが、よく知っている「グレープフルーツ」や「ユリ」という言葉を並置されることで、親しみやすいもののように感じられる。あるいは理解可能なもののように感じられるからである。

もう一つは、結論を先取りすると「不安」を和らげるためであろう。ここで留意すべきは、80年代以降、必ずしも科学がポジティブなイメージをもつとは限らないことである。明治、大正期には、「近代化」や「西洋化」は、進歩的で近代的な良いイメージをもたれていたと考えられる。それと比べて、1960年代・70年代の、公害が社会問題化し自然回帰が語られた時期を経た80年代以降は、素朴に科学への良いイメージだけを持つことは難しい。科学に対する潜在的不安（信頼の奥にある隠れた不安）がつきまとうことになるはずだ。一方では、科学的知識は崇められ、科学信仰がありながらも、もう一方で科学に対する不信感もあることになり、信頼と不安のアンビバレントが生じていると考えられる。

だからこそ、不安を和らげる自然物イメージが、科学と同伴することになったのではないだろうか。科学的言説に対して自然物のイメージを付与することで、アンビバレントは和らぐからである。[26]冒頭で示したとおり、もともと女性と自然とは親和性の高い物として語られてきた。したがって、美容の科学も「自然」と融合することで、より受け入れられやすいものに加工されると考えられる。

本当は自然物が安全である保証はない。化粧品研究員への聞き取りによると、科学的に合成された成分の方がずっとリスクが低く、自然物の方が（よく分からない成分が混じっているため）リスクが高いとさえいう。にもかかわらず、美容言説は、科学的言説に自然イメージを付与する。結局のところ、自然物は、実際の安全性を高めない。ただ単に、科学への不安を覆い隠す機能を果たしているだけなのだ。

ここで重要なことは、潜在的不安から付与される自然イメージによって、逆に、より科学が強固に信頼されるようになるというパラドックスである。美容言説の中には、科学と自然の隠れた結びつきによる、科学的知識のさらなる強化が発見できるのである。

4-4 まとめ

ここまでの議論をまとめておこう。本章は、主として1980年代以降の美容の科学言説（化粧品広告、および美容専門雑誌）がもつ特徴について考察してきた。その結果、次のことが明らかとなった。①美容言説において、過剰なまでの科学的表現がなされていること、②そこでの科学とは、かつては西洋化に代表される「近代化」を目指すものであったが、今や成分に関する「知識」の獲得を目指すものになったこと、③科学と自然がわざわざ融合した形で表現されていること、である。さらに（A）文化仲介者を通じて、あるいは、（B）自然イメージが付与されることで、④美容にまつわる科学的知識が消費しやすい（分かりやすい）形に作り上げられていること、および、⑤科学に対する不安が軽減され、そのことで逆説的に科学信仰は強化されたものになっていることである。

いわば、美容という領域で科学的知識の構造変化が起きているということもできよう。知は、手段ではなく目的となり、商品となり、強化されたものとなり、消費しやすい形で広められるものになったのである。

5　知の構造変化と女性像の変化

ここで更に議論を先に展開させるなら、知の構造変化は単体で引き起こされるわけではなく、人々（ここでは主として女性たち）の変化とパラレルな現象として起こっていることに注目できよう。では最後に、以上のような知の変化と関連しているはずの人々の変化を、仮説として提示していきたい。

美容の科学の最終的な目的は「個体の美化」、つまり自分が美しくなることにある。だが、先の例でみたような「過剰」な科学的説明は、ただ単に美しくなることだけを目指しているものとはいえまい。人々が美しくなりたいだけなら、「この商品で肌にハリが出る」という文を読めばすむはずで、「中性エンドペプチダーゼ（ＮＥＰ）は、エラスチンの過剰分解やハリの喪失、シワの発生を招く。ＮＥＰの働きを疎外する成分の入った商品だから、肌にハリが出る」という文を読まなくても良いはずである。あるいは、「肌によいユリ抽出のエキスが入っている」という説明だけですむはずが、「ケラチノサイトでニューロトロフィン4（NT4）が、メラノサイトの受容体と結合して、メラニン生成の引き金となる。そこでNT4の過剰な産生を抑えるべくユリ抽出のエキスを入れた」という説明を欲する必要はなかったはずである。過剰に科学的な言葉による「装飾」は必要ない。

こうして、人々の側に注目すると浮かび上がってくるのは、過剰なまでの「知識による装飾」によって、やっと納得する消費者の姿である。いいかえれば、単なる効果の羅列ではなく、その効果を生みだす科学的成分の説明があって初めて満足する消費者の姿である。人々の中に、賢明な消費者になりたい願望があるといってもいいかもしれない。

「衛生の時代」における人々は、科学知によって、衛生的な公衆として立ち上げられようとしていた存在である。[27]（むろん第二次大戦前といっても、その間で言説は変化しており、ひとくくりにするのは乱暴な議論であるが）この時期の科学知が目指していたことは、大きく言えば「不潔な（?）民衆を衛生的にすること」に還元できるだろう。そこで想定される女性像は、「健康的で優良な公衆」である。

ところが、ある種の近代化が達成され、戦後の「自然の時代」を迎える頃には、想定される女性像は、公衆というよりも、より細分化された「消費者」となる。ただし自然回帰が語られたため、美容の言説の中からは科学的要素はやや減ることになる。

「成分の時代」に入ると、再び科学的言説が増加する。やはり想定される女性像は「消費者」としてのそれである。ただし、「自然の時代」における消費者運動の隆盛を経たステージでは、「単なる消費者」にはなれない。商品に対する知識を獲得し、納得した上で購入する消費者でなければならない。

すなわち、想定される女性像は、次のように変化していると考えられる。公衆から消費者へ、そして「賢い」消費者へ。

「賢い」消費者への転換は、二重の可能性を意味しよう。一つは、（商品化された）知識を無批判に信じてしまったり、知識自体が価値を帯びることでそれを単純に崇拝したりして、結局は不要な商品を購入してしまう可能性である。この場合、これまで社会学で繰り返されてきた資本主義社会への批判が当てはまることになる。

だが同時に違う可能性も生じている。「商品＋知識」を消費するということは、単なる商品消費とは異なる側面を持つ。この消費には、知識を作り出し、選び、整理する側面が含まれる。それだけではなく、知識を（口コミなどで）共有し相互交流する側面も含まれる。この場合、消費者は資本主義の論理に巻き込まれただけではなくなってくる。

すでに述べたように、美容において科学と自然は結託して、知識が熱心に収集されるようになった。その上で、「賢い」消費者像へと転換してきた今、女性たちは、美容の知識を盲信してしまう「リスク」と、それらの知識とより豊かな関係を取り結んでいく「ポテンシャル」の双方を手に入れていることになる。冒頭で示した美容本の帯に書かれた文章、「女性を救うのは科学です」。単に消費者にアピールするために作られたこのキャッチフレーズは、ポテンシャルが生かされる場合、逆転する可能性を秘めている。「美容の科学を救うのは女性です」と。あふれる美容情報を共有し吟味していけるかどうかが鍵となる。

[注]

1 吉木伸子の新書の帯。

2 つまり、そもそも「科学的知識」に「男性的偏り」があるという議論である。小川眞理子（1999）も参照されたい。

3 また井上章一（1991）は美と健康の結びつきを指摘している。世界大戦頃に衛生美人、翼賛美人（＝大きな腰骨）が登場し、戦後もスリム志向はあるものの健康美が推奨されているとする（ただし明治期はさほど美と健康が結びついていないとしている）。

4 例1は伊東胡蝶園（後のパピリオ）、例2と3は桃谷順天堂、例4はウテナ、例5は資生堂。例1、2、4、5は『日本の広告美術——明治・大正・昭和2　新聞広告・雑誌広告』より抜粋。例3は『昭和広告60年史』より抜粋。

5 コルバンは、それまでは意識されなかった労働階級の体臭や生活臭に対して、嫌悪する感性が登場するようになった時期を見いだし、「衛生」の観念が、中流階級が労働者階級に対して自らを区別する欲求とともに生まれたことを指摘し、近代という時代が立ち上がってきたと述べている。

6 例1：マックスファクター、例2：カネボウ、例3：コーセー。例1～3まで全て、該当年の『コピー年鑑』より抜粋。

7　1980年に医薬品等適正広告基準ができたことも影響しているだろう。

8　色落ちしない口紅については、1985年にマックスファクターと資生堂が、1992年にカネボウが大々的に売り出した。

9　例1〜例5まですべて資生堂。資生堂企業資料館にて保管されている資料を、筆者が1999年12月14日、及び2000年4月1〜2日に記録したものから抜粋。

10　『VoCE』は1998年、『美的』は2001年、『マキア』は2004年に創刊された。『ビーズアップ』は1997年に創刊されている。マガジンデータ2009（2008年度版）によると、発行部数は『VoCE』12万1292部、『マキア』12万6667部、『美的』14万2583部、『ビーズアップ』は14万6000部発行されている。

11　ただしデータクリーニング、分析とも筆者が行ったので、恣意性は免れない。

12　KHコーダー。http://khc.sourceforge.net

13　例1は355頁。ICトランスミューターとは、ノバラエキス、ジオウエキス、ヒオウギエキス、アデノシン三リン酸二ナトリウム、グリセリンの複合成分（保湿）のこと。例2は150頁。一部、メーカー名、個人名など省略して記載している。例3は227頁。

14　実際、戦前と80年代以降の科学言説の中には、かなり類似したものも見られる（戦前にも粒子微細、ビタミンDといった表現があり、80年代以降は粒子ミクロ、ビタミンCなどが見られる）。だが、一見類似した言葉をめぐるコンテキストは変化している。類似タームも戦前は「衛生」に寄与するためのものであり、80年代以降は「成分」そのものを売りにする形になっている。本稿ではそのコンテキストの部分に焦点を当てる。

15　西洋人ではなく、階級や階層が高い人々の場合もある。例1：「高等の化粧料なれば貴婦人令嬢方の必要品にして」（1905）、資生堂。『日本の広告美術』より抜粋。例2：「尊しや園生の君より常にご用を忝かたじけなふ

せるクラブ洗粉　已に貴族の御用品たるに至れるクラブ洗粉　世界一の尊き園生より御用を忝ふせる」（1908-1911）、中山太陽堂（現クラブコスメチックス）。『クラブコスメチックス80年史』より抜粋。

16 例1、2は中山太陽堂（現クラブコスメチックス）。例3はパピリオ、例4はキスミー。例1は『クラブコスメチックス80年史』、例2は『日本の広告美術』、例3、4は『昭和広告60年史』より抜粋。

17 例1は千葉ます子26頁、例2は内田孝蔵44頁より抜粋。『婦人出世の礎』。『婦人倶楽部』（大正14年）の別冊付録。

18 「成分」が示している語は、アルブチン、トランサミン、レチノール、ハイドロキノンなどである。

19 「科学」が示している語は、遺伝子、基底層、メラニン、ホルモンなどである。

20 「医薬・医療」が示している語は、医薬、医療、医学、医師、医院などである。

21 中島美佐子（2005）、46頁。

22 三田村蕗子（2005）、91頁。

23 ２００９年７月11日、化粧文化研究者ネットワーク第15回研究会にて。

24 辞書的な意味では、エキスとは「薬物や食物から有効成分をとりだし、それを濃縮したもの。また、その有効成分。」（日本国語大辞典・小学館）であることから、ある程度、自然物を結びつくのは当然のことであるが、しかし、有効な「成分」の名前ではなく、あえて元々の自然物の「名前」を冠しているところに、エキスの意味（消費者に対する意味）がある。

25 例1は４７０頁。例2は３３２頁。同様の記事もよくある。例えば「スキンケアのキーとなるテルマルプランクトン（ＰＴＰ）美しい『白』を守り抜く、白い花の白さの秘密『白さ』を追求するために、もうひとつ注目したのは、植物の力。白い花が、自ら色素を生成することで紫外線をプロテクトして、その白さを死守していることに着目し、白さの源となる抽出成分・ゲンチアナエキスを新たに配合した。外的刺激からの防御、メラニン生成の抑制をサポートするこのエキスと、テルマルプランクトン（PTP）からなる『ダーマピオボタニカルシェルター』が、他の美白配合成分も猛烈にバックアップ。肌に眠る美白肌力を目覚めさせる。」など。

26 また、文化仲介者たちは、科学的知識を素人が「消費」しやすい形で伝える機能を果たすものだが、潜在的に不安を抱かせうる科学を理解可能なものにする（少なくとも理解可能だと思わせる）ことで、その不安を和らげる機能も果たしている可能性がある。

27 ここでいう公衆とは公衆衛生などの公衆の意味である。

2章　老いという病、肌本来という幻想——ミドルエイジ女性向け雑誌の分析

45歳以上の肌を対象としたシリーズの化粧水。とろ〜んとしたまろやかな感触で包み込み、肌深部の細胞マトリックスを強化。肌本来の生理機能を正しく保つことで、エイジングトラブルのない肌を目ざす。（『エクラ』２００８年5月号）

１章では、メディアを通じて、女性美が「科学」と「自然」の共犯の中で構築されている様をみてきた。この章ではエイジングについて考えていきたい。近年ではアンチエイジング、スローエイジング、ビューティフルエイジングなどと様々な言葉が広まり、加齢・老化についての関心が高まっている。そこで１９９０〜２０００年代に登場した、40代向け・50代向けファッション誌や美容専門誌に注目し[1]（以降では40代50代をミドルエイジと記すことにする）[2]、その記事群の中で、女性身体のイメージはどう描かれているのかを分析する。

１節では、そういった雑誌の美容記事に注目する理由を述べ、２節では実際に分析を行っていく。３節は、２節で明らかになった身体イメージを、社会的な文脈ではどう捉えられるかを

考察していこう。

1　ミドルエイジ女性と雑誌

美容目的ではなく、一般的な意味で「外見を整える」こと――髪を切ったり、顔を洗ったり、服を着替えたり――は、誰しもが行っている。第2回アンケート調査で、一般的な意味で外見を整えることの理由として、「若く見られたいから」を挙げた者は、全体の14・75％いた。性別・年代別に検討すると、45～54歳の女性に最も多くいることが確認できる（表2－1）。つまり、50歳前後の女性たちが最も、「若く見られたい」と考えているのである。

その一方でメディア状況はどうなっているのだろうか。かつてファッション誌は若い女性を中心としたメディアであったが、2000年代にはミドルエイジ向けのものも登場してきた。『出版指標年報』(2003)が「40代向け初のファッション誌」と評した『STORY』（光文社）は、2002年に創刊されている。以降、40代ファッション誌は、『Precious』（小学館）が2004年、『Marisol』（集英社）が2007年、『GLOW』（宝島社）が2010年に創刊されることになる。また、日本雑誌協会の分類で50代女性誌に分類されている雑誌として、『エクラ』（集英社）と『クロワッサンプレミアム』（マガジンハウス）が2007年に、『HERS』（光文社）が2008年に創刊されている。

女性雑誌の歴史は細分化の歴史と呼ばれ、[4]「女性読者は次々と、自分の年齢に相応しい情報を求めてシフトしていく」[5]という。ただし、ある世代が加齢したから、新しい雑誌が登場しただけではない。年齢だけではなく、雑誌のジャンルに注目することも必要である。というのも、ある世代のための新たなジャンルが新しく登場してきたということは、すなわち、その世代の女性たちが従来の同世代よりも、当該テーマに関心が高い可能性を示しているからだ。

本論に即していえば、新たに「教養誌」「育児誌」「料理雑誌」などではなく「ファッション誌」が登場したことが重要である。この事態は、現在ミドルエイジの女性たちが（かつての同世代の女性たちよりも）ファッション（外見や美容）に関心がある、という可能性を指し示している。[6]

さてここで、第2回アンケート調査で明らかになった、「45～55歳の女性たちが最も若く見られたい層であった」ことと、「2000年代に『新たに』ミドルエイジ向けファッション誌が登場した」事実が、重なり合うことに気づくだろう。この重なりは偶然ではない。[7]

本論は、これらの雑誌におけるミドルエイジ女性の身体像を明らかにすることで、現在のエイジングと関わる身体観を明らかにしていく。その際には、調査でポイントとなっていた「外

表2－1　「若く見られたい」という理由で外見を整える人の割合

年代	男性	女性
25 ～ 34 歳	15%	16%
35 ～ 44 歳	12%	15%
45 ～ 54 歳	12%	26%
55 ～ 64 歳	7%	15%

N=800（各階級の人数は 100）
なお 45 ～ 54 歳についての男女差は χ^2 検定：5% 水準で有意。

見の老化」や「若さ」について、記事が何を語っているかを留意して考察する必要があるだろう。

2　雑誌の分析

2-1　女性雑誌の先行研究：女性規範を伝えるメディア

すでに多くの先行研究で、女性に押し付けられた女性規範（＝イデオロギー）の存在が指摘され[8]、その際に女性雑誌が果たす役割についても指摘されてきた。

例えば、荻野美穂（1996）によると、若さや美しさを求める願望は、「高度産業化・大衆消費社会の産物」であり、「巨大化した国際ファッション産業、および化粧品やエステティック、美容整形などの美容産業によって煽り立てられ、たえず再生産されつづける『操作された欲望』である」（172）という。そういった「操作された欲望」の助長に、女性雑誌は一役買っていると考えられてきたわけである。井上輝子（1989）はその先駆的な研究において、女性雑誌を「性役割イデオロギーを喧伝するメディア」と断じ、1980年代には「若さと美しさを強調することによって、女性の性役割に『女性は美しくなければいけない』の一条を加えた」（井上 1989：6）ことも看破している。同様に、諸橋泰樹（1989、2001）も女性雑誌や広告を精緻に分析して、エイジズム（高齢者差別）などの女性規範を発見している。彼は、「マスメディアによる一元的な大量情報、一元的な尺度やマス・プロダクト、人々のまなざし」が、「女らしさの制度」となって、女性たちに強迫的に押し寄せると述べている。そのうえで、「美しくありたい」「痩せたい」というニーズが先にあるのではなく、「美しくあれ」「痩せてあれ」「スリムな女性が好き」という普遍主義、男性意識、商品やサービスが先にあってニーズが作られるのだ、と語っている。

以上のように、女性雑誌は、女性に対して「美しくあれ」といった規範を伝えるメディアであると指摘されてきた。結論を先取りすれば、新しく登場したミドルエイジ向けファッション誌も同様であり、「美しくあれ」のバリエーションである「若くあれ」が主張されることになる。

ただ本章では、雑誌に女性規範が存在すること自体に焦点を当てたいのではない。規範を支える構造の解明に焦点を当てる。具体的には「どのような論理立てで『若くあれ』という主張がなされるのか」、「その背後にどのような身体イメージが内包されるのか」を明らかにしていきたい。

2-2　対象雑誌について：2誌のデータの統合

ミドルエイジ女性を対象にした「ファッション誌」の中から40代向けとされる『STORY』、50代向けとされる『エクラ』を選択し、その中の美容記事を分析する（選択基準については注を参照のこと）。[9] 時期については、両誌が1年を通じて初めて発刊された年である2008年を選んで、1月号～12月号の24冊分における美容記事をすべてテキストデータ化し、[10] テキストマイニングを行った（テキストマイニングについては2章参照）。『STORY』の文字数は28万5827文字、語数は14万86語、うち異なる語数は1万953語、『エクラ』の文字数は27万9465文字、語数は14万6583語、うち異なる語数は1万1036語である。両誌のデータを統合した文字数は、語数は27万2201語、[11] うち異なる語数は1万6393語である。特に、頻出語句（ひんぱんに現れる言葉）および、語と語の共起関係（双方の言葉がどのくらい同時に出現するか）を調べた。

先に、『STORY』と『エクラ』は対象年代と出版社が違っているため、記事内容の傾向が異なるかどうかを確認する必要がある。[12] 記事内容の違いは、読者の社会階層の違いを生み出すと考えられるが、美容記事に関してはどうだろうか。以下、両誌の頻出語句上位20語を表2-2、2-3にまとめておく。[13]

二つの表を見比べたところ、どちらも肌、美容、効果、メイク、ケアといった言葉が多数みられる。また老化のサインとみなせるシミ、シワも上位に入ってくる。違いがないわけではないが、大きな差異は見出せないといえるだろう。実際に読んでみても、美容記事については類似点が多い。しがたって、いたずらに両誌の違いを見出すよりも、データを統合して共通する特徴を見出すほうが、本稿にとって有益であると判断できる。よって、以降は2誌のデータを

表２-３　『エクラ』頻出語句

抽出語	出現回数
肌	1442
ケア	470
効果	377
美容	327
シミ	303
メイク	307
クリーム	291
使う	290
成分	253
目	245
顔	244
マスク	235
アップ	221
配合	208
美白	204
ライン	189
人	186
やすい	170
シワ	173
色	169

表２-２　『ストーリー』頻出語句

抽出語	出現回数
肌	1426
メーク	427
美容	422
使う	406
顔	348
効果	318
眉	280
成分	266
発売	244
シワ	240
クリーム	230
部分	213
化粧	209
使用	205
水	193
シミ	192
パウダー	185
ケア	179
保湿	174
リップ	164

統合して分析することにしたい。表2-4に統合したデータで頻出語句上位20位までを示しておく。

表2-4　両誌頻出語句

抽出語	出現回数
肌	2868
美容	747
使う	696
効果	695
顔	592
ケア	542
クリーム	521
成分	519
シミ	495
メーク	432
シワ	413
発売	388
目	382
眉	343
配合	342
美白	333
人	332
色	325
使用	324

2-3　老化と関連のある語：老化には「原因」がある

では調査のポイントとなっていた「老化」について、ミドルエイジ向けファッション誌ではどう描かれているのかを見ていこう。「老化」「老い」「加齢」「衰え」というタームをまとめて、「老化」というコードを作成し、関連する語句を探索した。結果は表2-5に示す。

表2-5から次のことが予測される。まずもって老いは、「活性酸素」「酸化」「代謝」の「低下」、コラーゲンやホルモンの「減少」、「ターンオーバー」の遅れ……などといった「原因」

表2-5　両誌・「老化」コードと関連する語句

	抽出語	品詞	全体	共起	Jaccrd
1	原因	名詞	92 (0.008)	20 (0.174)	0.1070
2	活性酸素	タグ	15 (0.001)	11 (0.096)	0.0924
3	機能	サ変名詞	156 (0.014)	20 (0.174)	0.0797
4	細胞	名詞	107 (0.009)	15 (0.130)	0.0725
5	低下	サ変名詞	41 (0.004)	10 (0.087)	0.0685
6	代謝	サ変名詞	74 (0.007)	12 (0.104)	0.0678
7	減少	サ変名詞	30 (0.003)	9 (0.078)	0.0662
8	配合	サ変名詞	311 (0.027)	26 (0.226)	0.0650
9	成分	名詞	398 (0.035)	31 (0.270)	0.0643
10	アプローチ	サ変名詞	69 (0.006)	11 (0.096)	0.0636
11	トラブル	名詞	126 (0.011)	14 (0.122)	0.0617
12	コラーゲン	タグ	111 (0.010)	13 (0.113)	0.0610
13	酸化	サ変名詞	47 (0.004)	9 (0.078)	0.0588
14	ターンオーバー	タグ	29 (0.003)	8 (0.070)	0.0588
15	悩み	名詞	144 (0.013)	14 (0.122)	0.0571

のあるものとして描かれている。そして次に、化粧品などの「成分」や「機能」が、その原因に「アプローチ」するという記述が来る。実際の記事を見てみたい（以降、雑誌引用の傍線はすべて筆者による）。

例1：年々、増える肌老化の悩み。

この肌老化の最大の原因は、酸化にあると言われています。ストレスや環境汚染、紫外線が作り出す活性酸素はシミのもととなるメラニン色素を作るばかりか、皮膚の弾力を支えているコラーゲンを破壊・酸化させ、シワやたるみを生み出す要因に。この活性酸素を除去する力が抜群で、なんとビタミンCの約6000倍、CoQ10の約800倍もの類いまれなる抗酸化力を持つ大注目の成分が、アスタキサンチン。(『STORY』3月号)

例2：お茶の葉に多く含まれるポリフェノールの一種、カテキンを配合。活性酸素がひき起こす「酸化」という老化プロセスを抑え、すっきり洗い流す(『エクラ』6月号)

以上から、老化は、人にとって不可避で自然な現象であるにもかかわらず、なにがしか「原因」のある現象として位置づけられていると分かる。しかも、商品(私たちが買うことのできる！)によって、その「原因」は、「除去」したり「抑え」たりできるのだ、と描かれていることも分かるだろう。

2-4 シミやシワと関連のある語：治療、そして医療化

「老化とは何らかの原因が引き起こすものであり、原因にはアプローチできる」という論理構造を、もっと如実に示すのが、老化のサインとされる「シミ」や「シワ」と関連する語句である。シミとシワの類を合わせて「シミ・シワ」コードも作成し、それと関連する語句も探索したところ、表2-6の結果を得た。

老化のサインであるシミやシワは「ケア」、「治療」の対象とされている。特に、2番目に関連している「治療」という語句に注目すべきであろう。というのも、治療という言葉は特殊な

表2-6　両誌「シミ・シワ」コードと関連する語句

	抽出語	品詞	全体	共起	Jaccrd
1	ケア	名詞	455 (0.040)	90 (0.142)	0.0901
2	治療	サ変名詞	123 (0.011)	60 (0.095)	0.0861
3	気	名詞	266 (0.023)	67 (0.106)	0.0804
4	美白	タグ	290 (0.025)	67 (0.106)	0.0782
5	目立つ	動詞	134 (0.012)	52 (0.082)	0.0726
6	肌	名詞	1918 (0.168)	165 (0.260)	0.0691
7	効果	名詞	625 (0.055)	80 (0.126)	0.0679
8	カバー	サ変名詞	220 (0.019)	51 (0.080)	0.0635
9	成分	名詞	398 (0.035)	59 (0.093)	0.0606
10	美容	名詞	643 (0.056)	67 (0.106)	0.0554

用語であるからだ。例えば、エステティックサロンでは、医療および医療行為類似行為に抵触しないよう、「治療」などの言葉を使用しないように自主規制しており、「治療」というタームは医療で限定的に使われるものである。したがって、「治療」というタームを使う限り、シミやシワはもはや、医療の領域に入ったことがうかがえる。そこにはもちろん、現実の美容医療の広がりも関係していることだろう

例3：現在シミが取れる光治療器の中でも絶大なる治療効果を誇るマシン。ほとんどのシミに反応し、直後、焦げたシミは黒く反応しますが1週間以内で自然に剥がれ落ちます。（『STORY』1月号）

例4：ボトックスはシワを消すというより、作らないようにするという発想から生まれた治療法。何回かボトックス注射を続けているうちに、シ

ワを作る癖がなくなったり、すでにできているシワも軽減されてきます。（『STORY』４月号）

例５：シミを薄くしたくてオーロラ（光治療機）を当てたところ、顔全体のくすみがとれて肌が１トーン明るくなりました。１回でも効果を得られますが、２カ月に１回通っています。皮膚科の病院なので、乾燥などの肌の状態によっては、お薬を処方していただきます。（『エクラ』３月号）

美容の「治療」が、医療の領域に入ったことを極めて印象付ける例として、がんの治療と同じ「メニュー」であることを語る記事を挙げることもできる。

例６：超高濃度ビタミンＣ点滴療法は中から外から若返ることができるメニュー。容量、治療回数はカウンセリング後に決定。初回は抗癌剤治療と同じく10ｇからスタート。点滴時間は約50分。（『STORY』８月号）

ここまでで、まずは、ミドルエイジ向けの美容記事において、女性の身体が「医療化」されていることが確認できる。

「医療化」とは、コンラッドとシュナイダー（1992=2003）によると、「非医療的問題が、通常あるいは障害という観点から医療問題として定義され処理されるようになった過程についての記述」である。ある問題を医療的な観点から定義することや医学用語で記述すること、ある問題を理解するに際して医療的な枠組みを採用すること、ある問題を扱うに際して医療的介入を使用することを意味するという。[14] 必ずしも医療化は悪いことではないが、イヴァン・イリイチ（1975=1979）のように医療化を痛烈に批判する論者も多い。

「女性の身体が医療化されている」というのは、先行研究の言葉を援用するなら「押し付けられる女性規範」に従う形で、「医療」を通じた身体への操作が加わったことになろう。医療そのものが「性に関するイデオロギーを再生産する装置である」とする指摘はこれまでもあったが、[15] それが（特に美容という領域において）女性雑誌というメディアで前景化してくることが、2000年代以降の特徴と考えられる。

2-5 医療の対象の広がり：衛生から老化へ

さらに掘り下げて考えてみたい。なぜなら、女性雑誌における医療化の動きは、近年に始まったことではないからである。まずは、1950年代の婦人誌の美容記事を見てみよう。この記事には、明らかに、「医療」を通じた女性身体の操作が見られる。

例1：そばかすは青春期になるとふえてくることもあり妊娠、月経等の時は濃くなります。家庭療法は、過酸化水素水等の塗布が安全です。また強い日光の直射をさけるように気をつけ、ビタミンCの多い、夏みかん、いちごなどの果物や野菜を充分に摂り、レモンの輪切り、または胡瓜の切口で顔の皮膚をこするのも有効です。専門の医師にかかれば、ヽヽ《（ママ）》離膏、腐蝕剤等で取ることも出来ます。内部的には、ビタミンCの大量注射、副腎皮質ホルモン注射等があります。脳下垂体埋没療法も効果があります。注射は一日に一回、百円位。脳下垂体埋没療法は一回か二回、二千円から三千円です。（松井俊三）
（『婦人倶楽部』6月号）

そもそも、これまでの女性雑誌では、シミやシワを「悩み」として描いてきたのだろうか。先行研究によると、大正6年10月から昭和5年10月までの『主婦の友』[16]の「美容理装問答」という相談コーナーで最も多かったのは、肌に関する相談であるという。吹き出物、ニキビ、脂、顔色、色が黒い、ソバカス、あれる、はたけといった悩みである（玉置育子・横川公子 2008）。これは衛生とかかわる肌の悩みといえるだろう。また1章で述べたように、近年の美容専門雑誌や化粧品広告では「科学的知識の獲得」が目指されているのに対し、第二次大戦前では「衛生的な身体の獲得」が目指されていた。すなわち、少なくとも言説においては、以前は「衛生とかかわるトラブル」が悩みの中心であり、シミやシワといった「老化のサイン」は悩みの中心には据えられていなかったのである。

表２－７　婦人倶楽部データ・「シミ・シワ」と関連する語句

	抽出語	品詞	全体	共起	Jaccrd
1	出来る	動詞	31 (0.048)	9 (0.429)	0.2093
2	眉間	名詞	5 (0.008)	4 (0.190)	0.1818
3	額	名詞 C	3 (0.005)	3 (0.143)	0.1429
4	皮膚	名詞	41 (0.064)	7 (0.333)	0.1273
5	手入れ	サ変名詞	25 (0.039)	5 (0.238)	0.1220
6	水分	名詞	8 (0.012)	3 (0.143)	0.1154
7	若い	形容詞	9 (0.014)	3 (0.143)	0.1111
8	肌	名詞 C	32 (0.050)	5 (0.238)	0.1042
9	小	名詞	2 (0.003)	2 (0.095)	0.0952
10	コーヒー	名詞	2 (0.003)	2 (0.095)	0.0952

ためしに四大婦人雑誌の一つである『婦人倶楽部』（大日本雄辯會講談社、現在の講談社）の１９５５～58年に発行された分で、美容記事を分析してみよう。[17]もちろん『STORY』『エクラ』と対象年齢層は同じとはいえないので、単純な比較はできないが、当時ミドルエイジ向けのファッション誌がなかったことから、ここでは総合婦人雑誌のうち人気の高かった一つである『婦人倶楽部』をとりあげることにした。[18]文字数は３万６９６３、語句２万３２３１語、異なり語数は３２２２語である。

表２－７を見れば分かるようにシミ・シワと関連の深い語句は「出来る」であった。実際の記事は次のようなものがある。

例２：私達の皮膚は二十歳をすぎますと、もう衰えはじめているのです。つまり二十歳から進行して、普通小じわの出来るのが、三十歳前後、

はっきりしたしわは、四十歳前後です。(『婦人倶楽部』1958年2月号)

あくまでシミやシワはできてしまうものである。そして、「治療」対象というより、せいぜい「手入れ」の対象なのである。

例3：動物のレバーは、オールマイティーといわれるほど、欠くことの出来ないものです。肝臓病にもよく、シミは肝臓が悪いと出来るものだと云われています。又ひびやあかぎれの予防にもなるときけば、少々匂いが嫌いでも、お料理を工夫していただきましょう。(『婦人倶楽部』1957年12月号)

例4：暖房のきいた室内では、大切な水分をうばわれるし、いずれにしても肌はカサカサになりますので、肌の手入れはまめにしなければシワやシミのもとになります。(『婦人倶楽部』1957年12月号)

では1950年代の女性誌において「治療」の対象は何であったのか。「治療」という言葉は25回登場している。その対象を調べたところ、口臭、斜視、冷え症、あざ、鮫肌、わきが、夜尿症、いぼ、にきび、こしけ[19]、白なまず[20]などであった。多くは衛生にかかわる悩みが挙げられていると分かるだろう。例えば、こしけの治療として次のようなことが語られる。

例5：こしけの原因はトリコモーナスと云う寄生鞭毛虫が膣内に繁殖して起ったり、膣炎、子宮内膜炎、外陰炎、バルトリン氏腺炎等のため又はホルモンの不足から起る異常分泌物のことです。

この病気にかかると米のとぎ汁のようなおりものがして臭く、又外陰部にかゆみ、ただれが出来たり、腰や下腹が痛み、目まい、耳鳴、頭痛などがしてとても不快なものです。

［中略］

この「ネオ・エフジー球」はこしけの原因であるトリコモーナス寄生虫の優秀な殺菌剤カルバルゾン、化膿菌、麻菌等の強力な化学療法剤であるホモスルファミン、ホルモンの不足から起る優れた治療薬ヂアセトオキシヂェチルビベンジル、痛み痒みを止めるアミノ安息香酸エチルを合理的に配合しこれを米国製の無刺戟、無臭、無色、無脂肪性の最も新しい基剤に混合した膣坐薬でよくその治療効果をあらわし、寝る前に一球を膣内に入れておけば衣類を汚すことなく眠って居る間に治療の出来る理想的のこしけ治療薬であります。

（『婦人倶楽部』１９５５年6月号）

当時の『婦人倶楽部』と現在の『STORY』『エクラ』では、時代も社会背景も異なり、総合誌とファッション誌なので雑誌ジャンルも異なり、対象とする年齢層も異なっている。一概に同列で論じてはならない。だがしかし、肌の悩みを医療で治そうという態度は同じなのである。むしろ、異なっているのは、医療の対象範囲である。前者が「衛生とかかわる悩み」であるのに対し、後者は「老化のサイン」になっている。つまり、通常の人生のプロセスである外見の老化まで、医療の対象となってきたのである。

この相違は、単に雑誌の対象年齢層に起因するのではない。そもそも2000年代にミドルエイジ向けファッション雑誌が創刊されたという「事実自体」が示唆するように、ミドルエイジの女性たちが外見に強い関心を持ち始めた（あるいは、これまでも関心を持っていたが、その声がついに露わになってきた）ということであり、それと連動して、医療の対象とする範囲が広がり、シミやシワも「治療」するものとなってきた、ということなのである。

以上をまとめよう。先行研究で発見された「操作された欲望」――「女性は美しくなければいけない」「美しくあれ」といった規範――という観点で考えれば、ミドルエイジ向け雑誌記事も、「若く見られたい」「若くあるべき」という「欲望」「規範」が描かれるわけだが、その際には次のような論理構成がなされる。人生の当たり前の過程であったはずの老化は、「原因」があるものと措定される。したがって老化は「治療」の対象とできる。女性身体のイメージの中に、シミやシワといった「老化」をある種の「病」として捉える側面があるといえるだろう。

2-6 「肌本来」という幻想

さて、老化をある種の病とするイメージが明らかになったところで、筆者が注目したいのは、成分や医療の力を使い、原因を抑えて老化を防ぐことで、「どのような身体が得られるか」を示す表現方法である。実際に読み込んでみると、ストレートに「より若くなる」という表現以外の文言が目につく。最終的には「若くあるべき」というメッセージを伝えるとしても、もう少し巧妙な書き方がなされているのだ。まず典型的な文章例を見てみよう。老化の「原因」を「成分」で治すという文例である。その際には、2-2で見たように最頻出語句である「肌」が、どう描かれているかにも注目したい。

例1：「肌密度」という言葉を聞いたことはありますか？ これは、「骨密度」と同じ理論で、肌を構成する成分の密度を表わすもの。「骨密度」と同じように、年々低下すると言われています。肌密度の低下には、①加齢によるセラミドの減少とバリア機能の低下、②加齢による水分の減少、③加齢によるターンオーバーの遅れという3つの大きな要因が。そこで葡萄ラボでは、この3つを立て直すことこそが、美肌を作る近道と考え、肌密度に着目したのです。そして生まれたのが、独自のブドウ由来成分SDC〈肌密度強化成分〉。これは、バリア機能＝セラミド合成促進を目的とする特許成分「ブドウ発芽水」、保湿機能＝水分量増加を目的とする「ブドウ果汁発酵液」、角化機能＝ターンオーバー促進を目的とする「ワイン酵母」を、葡萄ラボ独自の比率で配合し、肌密度強化を目的としたミクスチャー成分。この成分を配合することで、肌密度の低下により硬く薄くなった角質に水分を巡らせ、長時間の水分保持を実現。これによって肌本来の美しくなる力を目覚めさせることに成功したのです。（『STORY』３月号）

興味深いのは、「肌本来」という単語である。正しくは、「本来の肌」とか「肌本来の力」とかという意味でつかわれているので、「肌本来」という単語ではないが、そのような造語にすら見える。このタームは、『STORY』でも『エクラ』でも書かれており、出版社の違い、対象年齢層の違いを超えて登場している。

例２：メラニンの再生を根源から抑制。肌本来の白さ、輝きに導く美白美容液（『STORY』４月号）

例３：栄養の宝庫と呼ばれるほど、アミノ酸やミネラルなど豊富な栄養成分を含むプラセンタ（胎盤）。そこにはひとつの受精卵を短期間で赤ちゃんに成長させるメカニズムが備わっています。このメカニズムは肌の生まれ変わりにも役立ち、ターンオーバーを活性化し、くすみのない白肌へ導きます。そのプラセンタから、肌に必要な成分だけを丁寧に抽出したのが「水溶性プラセンタエキス原液」。肌本来の美肌機能を目覚めさせ、

肌のウォーミングアップを図る、余計なものを一切含まない、名前のとおりシンプルな美容液です。（『STORY』６月号）

例４：肌本来の新陳代謝を自然に促し、細胞レベルで若々しくリフトアップ。（『エクラ』10月号）

例５：不要なものを排出し、新しい細胞を生み出す肌本来の働き＝ターンオーバーが乱れると、エイジングのサインやなんらかの悩みが生じる。そして、それは肌細胞のエネルギー代謝の低下によって起こる――。（『エクラ』11月号）

例６：肌本来の力「肌力」を覚醒させる、Ｌ・Ｅ・Ｍ（シイタケ菌糸体培地培養エキス）（『STORY』３月号）

成分や医療の力で原因を排除して「どのような身体が得られるか」。それは、「より美しい」「より若い」身体ではなく、具体例で見たように読者が「もともと持っている身体」である。つまり、あなたは本来もっと若い／美しい／白い肌であるにもかかわらず、「原因」によって「肌本来」の力が阻害されているのだ、だから「本来の肌」を「目覚めさせる」「覚醒させる」ことで取り戻そう、というのである。

「肌本来をとりもどそう」という表現方法の背景として、一つには「自然」を重要視する女性美の伝統があげられよう。これまでの女性美に関する膨大な言説群は、女性の「自然」な美を推奨し、人工的な補正を戒め続けてきた（R・コーソン 1972 = 1982 参照）[21]。その傾向は現在の日本でも見られる。日本においては、造語「ナチュラルメイク（自然+化粧）」が示すように、自然に見えることが好まれているし、筆者の調査でも、美容整形について（アメリカなどと比べて）日本は自然な仕上がりを求められていると分かっている（谷本 2008、および未発表の調査による美容整形外科の語りから）。女性美について、「自然」のままで美しいことは称賛されるが、「より美しくなる」人工的な補正はよくないこととして断罪されるのである。したがって、「より若くなる」という文言よりも、「もともと自然にもっていたはずの若さを取り戻す」という文言の方が、多くの人にとって素直に受け取りやすいと考えられる。

もう一つの背景には、前述した医療化との関連があげられる。ストレートに「より若く」という言い方をしていては、医療の正当化には結びつかないからである。医療は、病を治療するものであり、「より美しく」「より若く」だけでは、心的な抵抗が起きやすい。正当化は、（a）あなたの身体に悪影響を及ぼす「原因」があり、（b）（老いのサインをもつ）現状は「病」のようなものであり、（c）すなわち「治療」の対象となる、という理屈が成り立ってこそ可能となる。

「肌本来」という表現の背景として、女性美の自然をたたえる伝統と、医療の正当化の二側面があげられた。それでは、「肌本来」という表現の背後には、どのような身体イメージがあるだろうか。

身体に、人工的にプラスの状態を作り出すのは好ましくない。だが、「原因」によってマイナスされている分を、ゼロ値に戻すのはよい。ゼロ値の身体とは、身体が「本来」持っている力が、十分に発揮されている状態である。また、それが「自然」状態でもある。自然な状態では、あなたはもっと若く、老いていないはずだ。[22]……このメッセージから読み取れるのは、「老いない」あるいは「老いにくい」身体イメージである。こうして、女性身体に、老化を病ととらえるイメージだけでなく、もともと自然な力が備わっていて「老いない」というイメージまでもがあることが分かる。

もちろんそれは幻想でしかない。どう抗っても身体は老いる。現実の身体には、シミやシワといった老いのサインは生じてしまう。言説が表しているのは、現実の身体を否定すること、シミやシワのできる身体を「逸脱」した身体と見なすことになる。また幻想上の身体を肯定すること、「本来」と信じている身体を「正常」で「自然」な身体と見なすことでもある。

2-7 分析のまとめ

以上みてきたように、従来の女性雑誌研究の指摘は、本稿で見てきた2000年代以降の雑誌言説にも当てはまり、女性の身体はある種の規範(若さの追求)が具現化される存在であった。本章は、その具体的な言説を探り、どのような論理で具現化されているか、背後にどのような身体イメージを内包しているかを明らかにしたものである。

分析から分かったのは、まず、女性の身体を美的に操作するに当たり、「成分」「機能」、そして「医療」が利用されていたことである。特に医療は、その対象を広げており、「外見の老化」までも治療対象としていた。ここで「老い」とは、自然な現象ではなく、「原因」のある（ある種の）「病」として描かれていることになる。こうして、若さ追求の正当性が図られることになる。さらに、原因を排除すれば、「本来の身体」を目覚めさせることができるという言い方も見られた。この背後には、「本来ならもっと若い外見のはずである」「本来の身体は老いていない」「本来私の身体には力がある」という身体イメージが前提されている。したがって、分析の結果、次の三点が見いだせることになろう。

①医療対象の広がり（通常の人生の過程である老化にまで）

②老いを潜在的に病とみなす認識

③「本来」「自然」の身体は老いにくいという幻想

これらが、近年登場したミドルエイジ向け女性雑誌の美容記事の特徴といえるだろう。

以上でミドルエイジ向け言説における女性身体のイメージが明らかとなった。次の3節は言説の背景となる社会的文脈にふれて、おわりにかえたい。ただし言説の背景には二つの側面が考えられる。一つは「若さを追求する言説」の背景、もう一つは「2節で見たような女性身体イメージ」の背景である。

3　言説の背景

3-1　若さ追求の背景

まずは、そもそもなぜ若さを追求する言説が近年に目立つようになったのかを押さえておこう。多くの論者によると、「若さ」に価値を置く観念は、高度経済成長期において、産業社会の業績主義や効率主義の価値観が強まると同時に社会的に普及したという（飯島伸子 1988、栗原彬 1997、小松秀雄 2002 など）[23]。確かに、本論で見たように、高度経済成長期以前（1955～58年）の女性雑誌では、老化のサインは医療化の主たる対象となっておらず、極端に若さを追求する言説はなかった。

若さ重視が広まったという高度経済成長期よりさらに以降、美容の領域では化学や技術の進展が目覚ましく進み、マーケティング的要請が強まってくる。例えば、化粧品業界では、抗老化（アンチエイジング）化粧品が1980年代に登場し、1990年代以降に目覚ましい発展と普及を遂げ[24]、エステ業界では、痩身や脱毛を主体とした宣伝を展開していたが、2000年を過ぎる頃からシワやシミを取るといった抗老化が主要な項目として登場したという。

また、医療領域では、1998年に東京大学病院で美容外科が設置され、美容外科に正当なイメージが生じる一方で、2000年代にシミやシワに効果のあるとされる機器などが飛躍的に発達し（根岸圭2007）、施術を受ける人々の心的敷居が下げられた。その上、「病」ではない患者「未満」の人々を医療の場にとりこむ動きも、この間に活発化する（例えば、美容医療なら日本美容医療協会が1991年に、抗加齢医学では抗加齢医療学会が2001年研究会として、予防医療なら日本予防医学学会が2003年に発足している）。これら美容業界の動きや医学の動きと連動して、2000年代には若さを追求する雑誌言説は登場する。

とはいえ、美容や医療のマーケティング的要請だけで言説が登場したわけではない。人々の側の欲望が関係しているはずで、本稿の場合なら、ミドルエイジの女性たちが、消費者として成熟してきたことが大きいだろう。かつて、消費者の中心とみなされていたのは、結婚前の（せいぜい結婚直後の）若い女性たちであった。しかし、現在では、ミドルエイジの女性たちは主要な消費者とみなされ、彼女たちの欲望に沿った形の商品が次々と生まれている。抗加齢化粧品も、化粧品会社が作るから欲望が生まれるだけではなく、それを欲望する人々がいるから商品が作られる。同様に、ミドルエイジ女性の消費能力が上がることで、彼女たちが求める言説が語られるようになったと考えられよう。

こういった、社会的・人的背景から、2000年代以降の雑誌言説が生まれたと考えられる。（ただし、若さを求める言説は一部の雑誌で見られるものであり、老化を受け入れるべきだとする言説も存在する。この一見対立する言説の関係性、および、若さを求める言説の功罪についても考察する必要があるので3章で論じたい。）

3-2　女性の身体イメージの背景

次に、2節の分析結果の背景を考察したい。つまり、〈医療化が老いまで進み、老いを潜在的に病とみなし、その成立ロジックには「本来」「自然」を持ち出すような身体イメージ〉についての背景である。

前述したように、若さを礼賛する価値観は、産業社会における業績主義や効率主義の広まりと軌を一にしていた。[25]ということは、若さ礼賛言説そのものが、まさに近代的な価値観の一部であり、近代化の進展として捉えることができる。

それと同様に、医療化も同じく近代化の進展として捉えられる。医療化を批判したイリイチは、近代の批判者に他ならなかった。彼は、患者「未満」の人々を医療の場にとりこむ動きを、「医学は予防を市場化しはじめた」として、「新しい疾患」は「医療が介入したことの結果」「医師がつくるもの」と断じている。それは「治療法、医師、病院」が引き起こす「医原病」というイリイチの造語に象徴されよう。[26]（一方的に医者が病を作り出し患者を支配するという図式は極端であって、人々の側の欲望や働きかけも考慮しなければならない。しかし、本稿ではこの議論には深入りせず、医療化が近代化の一部であるということだけ確認したい。）

また、医療化の話は専門家支配の話でもある（立岩真也 2002、野口裕二 2005、フリードソン 1970=1992 参照）。医療の対象範囲が広がることによって、人々の自己流ケアや対処法が可能な範囲が狭まっていくということである。あるいは、個人の側にある病の意味づけを、専門家が介入して規格化していく過程ともいえる。このような専門家システムが影響力を強めてくるのは、近代化の過程であると指摘されている。

さらに、マーケティング的要請が強い社会とは、[27] 近代化がかなり進んだ状態と捉えられている（阿部勘一 2012、見田宗介 1996 など）。産業と消費は近代化の過程で大切な要素であったことを思い返せばいいだろう。

以上から、「老いを潜在的に病とみなし、医療化がすすむ」ということは、業績主義、効率主義に加えて、医療化、専門家支配、マーケティング的要請などとも絡み合う「近代化の進展」に他ならないといえる。よって、本稿で見たような身体イメージは、近代が徹底的に貫徹したものと考えられる。

とはいえ、本稿で見た身体イメージでは「本来」「自然」が重要なファクターであった。このことは、近代化の進展とどのような関係があるだろうか。

立岩真也（2002）によれば、近代を批判する者は、近代医学を外部から解決を与えるものとして批判し、「自らにそなわっている治癒力」を重視することがあるという。「自らにそなわっている治癒力」は、「肌本来の美しくなる力」「肌本来の美肌機能」「肌本来の新陳代謝」「肌本来の働き」を「目覚めさせる」「覚醒させる」という語りと、親和性が高いように見える。

しかし、美容言説に限って言えば、近代化に抗するために、「本来の力」が持ち出されていると考えることはできない。美容の言説において、「医療」と「本来や自然」は対立するというよりも、相互に支えあっているると考えるべきである。前掲の例文では、「肌本来」を「目覚めさせる」には、「セラミド合成促進を目的とする特許成分」が必要であり、「メラニンの再生」を止める必要があり、「受精卵を短期間で赤ちゃんに成長させるメカニズム」を利用することが必要であった。「医療」は「本来」を引き出す装置であり、「本来」は「医療」によって実現する理想（あるいは幻想）なのである。「医療」的なものと「本来」的なものは、ここでは車の両輪となる。

筆者は1章で、近年の美容言説において科学（＝化学）と自然物（＝花や果実）が相互補完的に使用されることで、科学に対する人々の潜在的不安が和らげられ、科学の持つ訴求力が増しているアイロニーを指摘している。それと同じことが指摘できるだろう。一見、相反するような要素が取り込まれることで、一方の力が増強される。つまり、「医療」と「本来」は、両輪として相互補完しあい、「医療」にさらなるパワーを与えることになる。

相反する要素を取り込みながら、近代化要素が強化されて進んでいく。それはギデンズが、ジャガーノートに喩えた近代の姿でもある。ジャガーノートとは（マーベルコミックのキャラクターではなく）、コントロールできない巨大な力のことであり、ギデンズの出身地イギリスでは巨大なトラックの意味もある。乗りこなすこともできるが、ある時に操作不可能になり誰も止めることのできなくなる車であり、乗ることで爽快さや希望を得られるが、いったん走り出すと止めることができない車である。

雑誌が表している女性身体イメージは、「近代化」という大きな背景から生じており、「近代が貫徹した身体イメージ」としてとらえ返すことができる。[28]「医療」と「本来」という両輪は走り出すと止めることはできない。賛否はともかく医療で若さを保つ方向へと女性の身体は走り出しており、止まることは難しいだろう。

［注］

1 美容専門誌とは、本稿ではコスメやメイクに関する専門雑誌を指している。

2 社団法人日本雑誌協会の分類（２０１３年３月時点）では、30代、40代はミドルエイジ、50代はシニアと表記されているが、本稿では40代と50代をミドルエイジと記すことにしたい。

3 ただし日本雑誌協会の雑誌分類では「四〇代ファッション誌」に分類されている『Grazia』（講談社）は、一九九六年に創刊している。また、同じく『レディブティック』（ブティック社）が一九七二年に創刊されているが、これは洋裁誌である。

4 例えば、古田（2008）や橋本（2012）などで指摘されている。

5 前掲『出版指標年報』１５９頁。

6 別言すれば、現在のミドルエイジ女性が年を取るのに応じて、ファッション雑誌が後追いで登場した可能性があるということになる。

7 しかし、この意識が本当にコーホートによる特徴なのかどうかは、別の調査が必要になるだろう。

8 本稿では、女性規範とイデオロギーを類似した概念として記述することにする。

9 ①社団法人日本雑誌協会の「男性・女性・男女」という分類から、まず女性雑誌を選択する。②女性雑誌は

「総合・ライフデザイン・ライフカルチャー・情報・コミック」に分かれているので、ライフデザイン誌を選ぶ。③さらに、その中は「女性ティーンズ誌・女性ヤング誌・女性ヤングアダルト誌・女性ミドルエイジ誌・女性シニア誌」と年齢別に分類されているので、女性ミドルエイジ誌と女性シニア誌を選択する。④女性ミドルエイジ誌は、「30代ファッション・40代ファッション・ライフスタイル総合・生き方」に、女性シニア誌「ライフスタイル誌、ファッション」にそれぞれ分かれているので、「40代ファッション」と「シニアのファッション誌（50代）」を選ぶ。⑤前者で最も発行部数の多い『STORY』、後者は発行部数が大きくは違わないことから、一番早くに創刊している『エクラ』を選択する。

10 本稿では、顔にまつわる化粧や美容の情報に限定し、香水、ダイエット、髪に関わる記事はデータ化していないが、これらの情報も今後分析の対象とする必要があるだろう。

11 分析上、カウントしない語句を作ったため単純な総和になっていない。

12 出版社による違いはすでに指摘されており、光文社は結婚に価値を置く内容になっているのに対し、集英社は結婚を重視しすぎない紙面を作る傾向があるという（小倉千加子（2003））。

13 ただし、「シミ」は「肝斑」を含んだ数、「シワ」は「〜ジワ」を含んだ数となっている。

14 コンラッドらによれば、医療化の中には、出生、死亡、加齢、閉経といった「通常の人生上の過程」、あるいは精神病、アルコール依存症、肥満、嗜癖、摂食障害、児童虐待、子供の問題行動などの「逸脱」類型、さらには学習障害、不妊、性的機能障害といったすべての人に共通する諸問題などが含まれるという。

15 医療自体が性別役割を再生産するという議論には、ウルフ（1991 = 1994）、宮淑子（1991）などがある。それらは、医療に内在する「性差別への批判」をしながら、医療が「特定のイデオロギー（「女は産む性である」「女は美しくあるべきである」）を喧伝・強化し、女性の身体をそうしたイデオロギーに組み込んでいく文化装置である」（西倉実季 2001）と指摘している。

16 ただし『主婦の友』が『STORY』『エクラ』と対象年齢層や雑誌のジャンルが同じではないことには留意しておきたい。

17 第二次世界大戦後10年過ぎており、社会学で様々な価値観に変化が表れたとされる高度経済成長期より前の時期を選んでいる。1958年2月号、1957年5月号、1955年6月号、1957年9月号、1957年12月号。

18 仮に、対象年齢が同じ雑誌があったとしても、当時と現在の社会的状況は違っており、そもそも同じ年齢だからといって同じ社会的立ち位置にないことも予測される。なお、婦人倶楽部は創刊当初は若い主婦を対象としていたが、徐々に購読者層の年齢が上がったと考えられている。

19 帯下、おりもの。病的なおりものの相談が掲載されている。

20 尋常性白斑のこと。

21 コーソンが記述した「自然」＝本来的な美を推奨し、人工的な補正を戒める伝統は、中世、ルネサンス、近代などかなり長期間にわたる。ただし前近代においても、コルセットや纏足など身体加工も行われていたように、自然美はよきものとするものの、「何を自然の身体ととらえるか」は、前近代と近代でずれがあるといえる。むしろ、前近代では、身体に加工を加えるのは普通のことであり、自然な身体という観念自体、近代が作り出したという議論もある。重要な議論ではあるが、本稿ではその点には深入りしないで、あくまで近代以降に使われている意味で「自然（本来）」の身体が推奨されている点を確認できればよい。

22 対照的な語りもある。NHKクローズアップ現代（2010年4月13日）で、「美容医療は、美的感覚が問われるだけに健康被害以外のトラブルもおきやすいのか?」との問いに専門家は「一般の医療は『病気』というマイナスの状態を、『健康』というゼロの状態にすると考えて下さい。マイナスをゼロにするということは、痛みがなくなればいいというように目標がはっきりしているわけです。ところが、美容医療というのは、ゼロの状態、健康な状態を、さらにプラスしようとする医療ですから、どのくらいにやれば患者さんの希望どおりになるのかというのは、明確な基準がないのです。」と答えている。http://www.nhk.or.jp/gendai/kiroku/detail_2875.html で確認できる。

23 もちろん、高度経済成長期以前も、老化に対しては否定的な見解やイメージがあった。だが、肯定的な見解やイメージも同時に存在した。このあたりの議論は、辻（2001）、栗原（1986）、小松（2002）などを参照。

24 西洋の自然科学の処方に基づいた抗老化化粧品は１９３０年代から存在してはいたが、本格的に登場したのは80年代だという。

25 業績主義と対比的に語られるのが属性主義である。

26 イリイチは、医原病を「臨床的医原病」、「社会的医原病」、「文化的医原病」の三段階に分けている。

27 マーケティング的要請の強い社会を、本稿では（高度）消費社会として捉える。

28 本文にも記したが、あくまで一部の身体イメージであることには留意されたい。他の身体イメージ（例えば老化を受け入れる）との関連、および本稿で示した身体イメージの意義については、３章を参照のこと。

3章　女性の外見に対する社会規範——美魔女を事例に

前章では、ミドルエイジ女性向けの雑誌において老化がある種の「病」として描かれ、「本来の」と名付けられた「より若い」身体が、科学の力で取り戻せるという幻想があるとわかった。本章では、そういった言説を体現しているかのような「美魔女」という存在に焦点を当てる。

美魔女とは実年齢とかけ離れて若々しく見える、美容に熱心な中年女性たちを指す言葉であり、雑誌『美ＳＴ』（光文社）[1]の企画から生まれたものである。メディアが生み出した言葉が、流行した後に廃れていくことはよくある。美魔女という言葉も、本書が読まれる頃には消えているかもしれない。とはいえ２０１０年代以降、彼女たちの存在が、メディアに喧伝されて多くの人に知られるようになったことは事実である。彼女達が書籍を出版したり、チーム美魔女と銘打ったグループでＣＤデビューをしたり、「国民的美魔女コンテスト」には毎年応募者数２５００名程度を集めたりしていることを鑑みても、それなりの社会的インパクトがあったと考えて良いだろう。

1　社会規範を浮き彫りにする

メディア主導で生まれた美魔女という存在は、多くの人から批判されたりネガティブなイメージで捉えられたりしてきた。「不気味」「イタい」という風に言われることがしばしばであった。

一般に、女性は若くて美しい方がいいという認識（あるいは、そうあるべきという規範）がある。この認識は、フェミニズムの論者を中心に批判されてきたものの、「社会一般には」バッシングの対象になってはいない。例えばミス・コンテストを考えてみても、（多少の批判はあっても）その手のイベントは相変わらず行われているし、多くの人はその開催を受容し、多くの若い女性は自ら進んで応募すらしている。だが、ミス・コンテストを受容している層にさえ、美魔女コンテストはネガティブな捉え方をされたのである。

一般には批判されないはずの「若く美しく」という規範を体現しているはずの美魔女に、バッシングが起こるのはなぜなのか。それが分かると、社会による「美魔女への認識」だけではなく、「女性一般への認識」が明らかになる。

そもそも外見をめぐる社会規範は数々ある。すでに、社会心理学を中心とする先行研究において、外見の魅力がデート・結婚・友人関係・学業成績・雇用に有利な影響を与えることが明らかになっている。[2] 端的にいえば「イケメン、美人は得」ということである。

とはいえ「どういった外見が好ましいのか」という認識は、必ずしも一定していない。社会学は、外見への認識自体が「社会的に構築される」ものとして捉える立場をとっている。具体例に即して言うならば、二重まぶたが魅力的なのか／魅力的でないのかをめぐって、人々の認識のせめぎあいがあり、多くの人が共有できる認識が、「常識」として流通すると考えるわけである。

そして、ときに常識は「規範」にスライドし、かえって人々の認識を縛ることもある。ここでも一例を挙げてみよう。「肥満が美しくない」と多くの人が共通して認識した場合、それは人々自らが生み出した（暫定的な）認識に過ぎない。時代や社会によって肥満が美しいこともありうるはずだからだ。だが、暫定的な認識だったはずのものは、「太ってはいけない」という規範に容易にスライドしてしまう。そうすると今度は、その規範に人々が縛られて、ダイエットに励んでしまう……というような状況が考えられる。自らが作り出したものに縛られる状況は、パラドックスとも呼べるだろう。

こういった「常識」ないし「規範」は、各人の心の奥底に染み込んでいて、普段は目に見えていない。それらが目に見えるものになるのは、「規範が犯されている」と人々が感じて批判が起こるときである。いいかえれば、批判言説の中にこそ社会規範が明確に姿を表すことになる。

M・ウェーバー（1922=1998）は、自分の主観的な価値評価（好き嫌い）と、客観的な事実認識を区別すべきだとして「価値自由」を提唱した。それにならえば、次のように考えることができる。

> 私たち自身が非難の感情を抱いていたとしても、社会学の仕事は、人々と一緒になって対象を非難することではない。人々がある対象を非難しているという事実を観察し、人々がその対象を非難する背後にある規則を探り、そのような規則に従って成り立っている社会の仕組みを明らかにすることが社会学の課題である（長谷川 2007、21頁）

この命題にしたがって、本章は外見をめぐる批判言説を検討して、外見に関わる規範を浮き彫りにしていく。特に「美魔女」に対する批判を検討していきたい。美魔女を批判する言説を考察する際には、一緒になって批判したり、あるいは逆に擁護したりせず、批判の背後にある女性規範を明らかにしていくことを目指すことにしよう。

2　実際の中年女性の意識

本論に入る前に、実際の中年女性の美容に関する意識を、三つの調査から確認しておきたい。

美魔女は、化粧やファッションに気をつかい、場合によっては美容医療を受けることも辞さない存在として紙面に登場しているが、そういった美容に熱心な態度が「特殊すぎるため」批判されているのかどうかを、先に確かめておく必要があるからだ。

第一に、第3回アンケート調査で、中高年層の女性の美容への関心はかなり高いことが確認できる。美容整形・美容医療を希望するかどうかを聞いた質問で、若い年代の方が美容整形などを希望しているのだが（表3－1）、40代・50代とも17・7%、60代でも12・6%にのぼり、中高年層の希望割合は決して低くない。女性だけのデータに限ればさらに割合は高くなる。40代で27・7%、50代で25・7%、60代で21・4%にのぼる。40～50代の女性の4人に1人以上、60代の女性の5人に1人以上が、美容整形に関心を持っているのである。

表３－１　年代別の希望者の割合

20代	30.8%
30代	25.7%
40代	17.7%
50代	17.7%
60代	12.6%

第二に、第2回アンケート調査では、美容整形を望む意識を規定する要因を調べた（5章を参照）。簡単に説明すると、独立変数に「性別」、「年代」、「世帯年収」、「最終学歴」、「既婚・未婚」、「身体意識」を用い、美容整形を望むかどうかを従属変数とするロジスティック回帰分析を行った。すると、美容整形を望む意識を規定する要因として、「外見の老化を感じている」意識があがり、老化を感じることが美容へ走らせる要因であると分かったのである。

第三に、２０００年代以降の40代・50代女性向けファッション雑誌には次の特徴がある（2

章を参照）。ひとつには、女性には「美しさの規範」（＝女性は美しくなければならないという観念）が押しつけられるが、特に中年向け雑誌の場合、美しさは「若さ」と同等のものであったこと。もうひとつには、身体を若く（美しく）するには、自然現象であるシミやシワといった「外見の老化」を「治療」する必要があること。したがって、雑誌の中では、中年女性たちが「若く美しくありたい」と思い、そのため化粧品や医療を利用するのは、当然であると前提されていたこと、である。

以上、40～60代女性の意識調査、および40～50代向けのファッション誌の言説に関わる調査からは、多くの中年女性たちが美容に強い関心を持つと推測できる。したがって、美魔女は（極端な例であるとはいえ）「特殊」な存在ではなく、一般的な中高年女性の意識の一部を体現したものであるといえる。

3　批判言説の検討

3-1　批判言説と「年相応」言説

さて、中高年女性の意識の一部を表しているにもかかわらず、美魔女たちは「イタい」「不気味」といった言葉で非難されてきた。非難されている事実を、美魔女という言葉の生みの親である雑誌『美ST』も意識しており、次のような記事を著している。

「いい年して、外見ばかり飾る女って痛々しいね」
〝美魔女〟と呼ばれる40代女性の生き方に対して
最近、芸能界から数多くの辛辣な声が……。（『美ST』２０１３年5月号）

実際に、テレビでは芸能人たちが次のように辛辣に語っていたという。具体的には「若い女と戦ってるってほんと愚かだからね」「50で30に見えるんだったら、30の女でいいんだよ」「50代になっても必死になって若い頃のナイスバディを求める女性がすごく辛そう」などの意見がテレビを通じて伝播された。

雑誌でも同様の批判が見られた。例えば「美魔女とか称して年増女が若作りしてイタすぎ！」（『新潮45』２０１２年10月号）といった記事である。

インターネットもやはり同様であった。北原みのり（2013）によると、女装タレントが美魔女のことを「ブームに踊らされた可哀想な人たち」とテレビで述べた時、ネット上でも「よく言った！」という声が沸きあがったという。ウェブエッセイでも「ババアのくせに必死で若作り」をする女性を「イタいと感じる[3]」などの言説が散見された。

そして、批判したのは芸能人や、雑誌やウェブ記事の書き手だけではない。女性問題に取り組んできた上野千鶴子や湯山玲子でさえも、「いつまでも男に選ばれたいと思っているのが

『気持ち悪い』から」という理由で、「揃って『美魔女は不気味』と辛らつだった」という（北原 2013）。

40代の女性をターゲットにした雑誌『GROW』（2016年）誌上でも、美魔女に対する直接的な言及が見られる。次の対談は上野千鶴子と有名な女性芸能人Kさんによって行われたものである。この記事をめぐって、Kさんの発言を褒め称える文言がネット上にたくさん見られた。

上野「私、アンチエイジングって言葉が、大嫌いなんです」
K「私もです」
上野「『美魔女』とかに出てこられるとね」
K「これは抵抗しなきゃと。私は『中年の星』でいいんじゃないかと思ってます」（『GROW』2016年9月号）

このように全方位から批判が生じる状況を北原は次のようにまとめている。

〝おかま〟も〝フェミニスト〟も〝自由な女〟も〝世間〟も美魔女には冷たい。40代なら年相応に老いろ。男にちやほやされたいと望むのはみっともない。老いに抗うのは、イタイ。そんな厳しい視線が美魔女には向かう。（北原 2013）

先にみたように、事実として中高年女性の美容意識は高まっている。だが、彼女たちが懸命に若くて美しい外見を手に入れようとすると、様々な立場の人がネガティブな認識をするというわけである。

これら美魔女への批判を支えるのが、「年相応が良い」「年を重ねた美しさもある」「ありのままが良い」といった言説である。この言説は数多く、テレビ、インターネット、雑誌を横断して見受けられる。

「40代から始めるエイジングケア　私らしく年を重ねる秘訣『これが年相応の美しさね』って、もっと自分をかわいがってあげたい」（『婦人公論』２００９年3月7日）
「女性には年相応の美しさがあるから」（『Grazia』２００９年8月）
「許せる〝老い〟はきれいに受け入れる」（『クロワッサン』１９９０年8月10日）

確かに「年相応」「ありのまま」言説は耳ざわりがよく、多くの人に受け入れられやすいだろう。この耳ざわりの良さは、美魔女を批判する際に、誰にとっても正当性を与えてくれることになる。美魔女は、年相応のありのままの美しさを否定する愚かしい存在に見えるからだ。

しかし、美魔女批判とおよびそれを支える「年相応」言説を単純に捉えると、認識のせめぎ合いを見落とすことになる。以下では、批判の根拠がどこから来るのかを確認していきたい。実は、一つのものに見える批判は、それぞれ異なった認識からなされているのである。

3-2　同じに見える批判の異なる立場

認識の一つ目として、フェミニストによる批判のように、女の価値を外見や若さではかる風潮を問題視するものがある。これを①**女の価値を外見や若さに置くことへの批判**と名付けておこう。

フェミニズムの功績の一つに、「美の神話」を内面化した女性が「美の呪縛」によって自分で自分を縛っていることを明らかにしたことが挙げられる。「外見の美や若さによる女の序列化」を問題として、女性たち自身がそれに与していくことをやめるべきという主張がなされている。

フェミニズムは、外見の美や若さによる女の序列化は家父長制社会の論理であり、女がこうした美の神話を内面化しているかぎり、それは自分で自分を縛り、永久に達成しえない目標のために時間と能力を浪費させ、女同士を競合させる「美の呪縛」として働くと主張した。そしてフェミニスト達は女がからだや顔立ちや老化までも含めた「ありのままの自分」を愛することの重要性を説き、ミス・コンテスト批判に見られるように、女の価値

を特定の外見的規準だけで画一的に判断することに抗議してきた。（荻野 1999）

「からだや顔立ちや老化までも含めた『ありのままの自分』を愛すること」を重要し、「女の価値を特定の外見的規準だけで画一的に判断することに抗議」すべきという認識に立てば、確かに美魔女は「女の価値＝若さ・美しさ」という「美の呪縛」を後押しするネガティブな存在として捉えることができる。

別の認識として、化粧品会社、医療、マスメディアといった企業や市場に、彼女たちがコントロールされているというものがある。これは②**企業や市場への批判**としておこう。

今や「美容・健康市場にとって、20代の若い世代よりも中高年女性の方が消費欲旺盛な上客」（『新潮45』２０１２年10月号）である。そこで、美魔女を市場的要請のお先棒を担ぐ人間として捉えたり、つけ込まれる絶好の顧客として捉えたりするなら、①と同じく、呪縛を後押しする／呪縛にとらわれる存在となるだろう。「美魔女ブームっていうのは結局、高齢化社会を迎えて化粧品会社が40代、50代に化粧品を売りつけたいから仕掛けているんですよ」（勝谷誠彦『週刊新潮』２０１１年12月８日号）といった雑誌記事や、ネットでの「美魔女はお金がかかりそう」といった表現に、この認識が表れていよう。

しかし、一見すると同じように批判をしている言説の中には、全く別の認識からなされているものが存在する。それは、美魔女が家事や育児をしない自己中心的な存在と考える認識である。これは③**育児や家事をしないと仮定した批判**とする。

例として、ある芸能人がコラムで美魔女を批判しながら「お子さん育て上げた主婦こそが女の最終形」と結論づけたものを挙げることができよう。[4] このコラムでは「少ない給料の中でやりくりして子育てしてる若いお母さんは、メイクもできんし、エステにも通えず、服買うこともなかなかできん。なのに、自分より年いったオバハンがキレイにしてイキってるのを見たら、ストレスがたまる一方でかわいそう」「いろんなことを我慢して子どもを育て上げたオバハンを見て、男が『女はエライな』と思う、そんなオバハンを賛辞する方向に持っていかなアカンとつくづく思う」と述べられており、先の①や②と異なる認識が透けて見える。「子供を育てることこそが女性の美徳である」という認識だ。

あるいは別のネット記事でも、「結婚相手にはいわゆる〝美魔女〟タイプは求めておらず、妻として母として年相応の美しさを求めていた」[5] 等と書かれている。美魔女が妻や母と対極にある存在と前提されていることがわかる。

また、フィクション小説でも、主人公の美魔女は「この十年近く、彼女はあくせく働く必要もなく、子育てに忙殺されることもなく、ただ己の美容にだけ傾注する日々を送ってきた」が、最後には若い男に入れあげて殺人を犯す愚かな存在として描かれている（『週刊新潮』2012年1月26日号）。美魔女は子育てをせず自分のことだけをする女性として描かれるのである。

雑誌『美ST』で、町のサラリーマンの声として掲載された典型的な批判例も似たようなものだ。「美魔女?　自分を見失わなければいいと思うけど、自分のことばっかりやって、家のこと、ちゃんとやってるのかな?」」、「男女平等なんて言うけど、女性は可愛く、か弱い存在、男性は強くあるべき。美魔女って強すぎるイメージだから苦手なんだよね」、「ハデすぎ。若く見えることがいいとは思えない。40歳、年相応でいいんじゃない?」などだ（『美ST』2013年5月号）。『美ST』に見られる典型的な批判例には、女は家事を行う可愛くか弱い存在であるべきという前提が透けて見える（ちなみに③の批判に対して、『美ST』では「美魔女は家事もしている、社会貢献もしている」という反論を掲載し、美魔女の生みの親ですら女性は家事をすべきという認識は否定していない）。

こうして、美魔女をめぐる否定的な見方は、異なった立場から生じていることがわかる。①女性を「美の呪縛」から解放しようとする立場、②女性を煽る市場へ懸念を示す立場、③美魔女は家事・育児をしていないとして批判する立場の三つである。

4　複雑化する美の呪縛

4－1　二重に存在する規範とステレオタイプ

美魔女批判を整理・検討することで、女性に対する社会規範が明らかになってきた。結論を先取りすれば、二重の規範があり、女性には「若く美しくあれ」という規範が課される一方で、同時に「妻・母として機能せよ」という規範も課されている。

先の批判の2つの立場（①②）には、彼女たちが「若く美しく」という「美の呪縛」にとらわれているという認識がある。①②の批判は、女性に対する「若く美しくあれ」という規範そのものに向けられている。同時に、その規範を助長する市場やマスメディアの動きにも批判が向けられている（時に、「若く美しく」を目指すような女性自身に対する批判も含まれるケースもあるだろう）。

そして、「若く美しく」規範は、女性が美や若さといった「性的魅力」を持つべきであるというステレオタイプと強く結びついている。①や②の批判は、そのステレオタイプから女性たちを解放しようと企図したものといえるだろう。

ところが批判③には、女性は妻・母として働くべきであるという意識があった。女性は「妻・母として機能せよ」という規範である。女の価値は家事・育児に専念することにあり、女性を「良妻賢母」というステレオタイプにはめ込もうとする認識である。③の批判は、前者（①②）とは違って、むしろ女性にある種のステレオタイプを当てはめ、そこから外れる人を批判するものであった。

したがって、これらの認識は、美魔女を同じように批判していながら、実は異なる方向性を持っているとわかる。片方が女性をステレオタイプから解放しようとし、片方がステレオタイプに絡め取ろうとするものだからだ。

批判言説から可視化されるのは「若く美しくあれ」規範と「妻・母として機能せよ」規範の二つが存在することである。また、規範それぞれに対応して「性的魅力」と「良妻賢母」というステレオタイプが随伴していることである。

4-2 「年相応」「ありのまま」の「呪縛」

さらに根深い問題がある。「妻・母として機能せよ」という規範に、巧妙な形で「若作りの禁忌」という規範が結びついている場合があることだ。「ババアのくせに」若作りをする女性は「イタい」「愚か」などと評され、「年を重ねた女が若く美しく装うのはみっともない」とされ、年齢以上に若く美しくあろうとすることはタブーであり、罪であり、愚かなこととして描かれる。この愚かさの対極にあるのが、「年相応」「ありのまま」という言葉である。

「若くあれ」「美しくあれ」は確かに「呪縛」であった。その呪縛を解くために、フェミニストが美や若さによる女の序列化を問題化し、女の価値を外見的規準で画一的に判断することに抗議し、「ありのままの自分」を愛することの重要性を説いてくれたわけである。その際には「ありのまま」は、呪縛を解く魔法の言葉となっていただろう。

しかし、社会規範はもっとずっと巧妙であったのだ。というのも、老化をも受け入れる「ありのまま」の自分さえ、呪縛に変えてしまったからである。しかも「女性＝妻・母」というステレオタイプと結びつけられた時、いっそう複雑な呪縛へとすり替えられてしまうといえる。

女性は、一定の年齢に達すると、妻らしく・母らしくならなければいけない。それゆえ外見に関して若作りしてはいけない。若作りは自分のことしか考えない（＝夫や子供のことを考えない）愚かさの表れである。そういった認識へと水路づけられていく。

ありのままを「愛する」だけであれば、規範にならなかったかもしれない。だが、「ありのままである方が良い／美しい／正しい」という言い方になると、あっという間にそれらの言葉は、人々を序列化し絡め取る規範に変貌する。外見を若く保とうが、年相応でいようが、「そちらの方が人間として美しく正しいのだ」という主張になるならば、それらはコインの裏表でしかない。

筆者は「年相応」を勧める言説を非難したいわけではない。当然、エイジズム（高齢者差別）や女性差別を生み出す文化的仕組みを、明らかにしたり批判したりすることは重要であって、「若さ」偏重の風潮に対し、年相応の美しさや正しさを説くことは一定の意味がある。「年相応」「ありのまま」を推奨することは、「若く美しく」規範を批判し、女性を「美の呪縛」から解放したり、あるいは中高年を「若さの呪縛」から解放したりすることにつながる。ゆえに、「年相応」「ありのまま」は、女性差別やエイジズムに抗する戦略となりえるのである。

とはいえ、すでに見たように、美魔女を批判する言説や年相応を勧める言説は、エイジズムや女性差別に対する「批判」であると同時に、むしろ女性を別のステレオタイプにはめ込む「陥穽」にもなりえた。この点には注意を払う必要がある。「ありのまま」「年相応」が、「若作りは禁忌」にスライドすれば、誰かが外見を「年齢以上に若くしたい」「実際以上に美しくなりたい」と願ったとしても、それは「みっともない」こととして切り捨てられることになる。

「美の呪縛」は、ミス・コンテストに残っているような「女性は若く美しくなければならない」という単純なものではない。性差別とエイジズムとが結びつくことで、より複雑化した「美の呪縛」が生じているのである。それは、「若くあるが、若作りしていない」、「性的存在でありつつ、（性的ではない）母として機能も果たす」という相反する規範を満たす女性こそが「美しい」のだという「呪縛」なのだ。論理的には両立困難な規範が、女性に課せられているといえよう。以上から考えられるのは、女性にかけられた呪いには性差別とエイジズムが結託していることである。

では、もしも私たちがエイジズムや女性差別に抗いたければ、どうしたら良いのだろうか。

5 複数の戦略、離脱の戦略

エイジズムや女性差別に抗おうとするならば、対抗戦略は複数ある。例えば、栗原彬（1997）はエイジズムを乗り越える方法を一つではなく、いくつか提案している。栗原の戦略を援用して、「若く美しく」規範と「若作り厳禁規範」を逃れるすべを考えてみたい。

Ａ「老人のアイデンティティ形成の道」

まずは「年相応に」「ありのままに」を生きることが、大きな対抗戦略となるだろう。「老化を自ら受け入れて、ありのままに生きるべき」という主張は、「女性は若く美しくあるべき」という規範に対しては、対抗戦略になる。ただし「年齢以上に若く美しくあろうとすることは禁忌である」という規範に対しては、むしろそれを後押しする方向に働く可能性がある。

Ｂ「価値や倫理を旋回させ生産力ナショナリズムの支配的な世界を書き換える道」

次に価値や倫理を旋回させるなら、「老いこそが美しい」という価値観を標榜することになる。これも、有力な対抗戦略となるだろう。

Ｃ「不良老人としてシステムを離脱する道」

三つ目に栗原は「システムを離脱する道」を対抗戦略の一つとし、戦争中でも芸者遊びをやめず、女郎屋で死んで道端にほうり出されるような「孤独とエロス」を必須とする生き方として説明している。

> 戦争中でも芸者遊びをやめず、三絃の世界に生きていたが、女郎屋で死んで、道端にほうり出されていた。この非国民としての生き方、いや死に方。

永井荷風は、システムの中に自ら選んで孤立して、芸者、娼婦、踊り子の世界に耽溺することで、自由の方へ繰り返し越境した。よれよれぼろぼろになりながら巷にあって炯々たる眼光衰えず、終生エロじじいを貫くことによってアイデンティティから自由になった金子光晴もまた不良老年。不良老年の離脱の戦略に、孤独とエロスは欠かせない。（栗原）

これは、美魔女たちの生き様とはかなり異なっているように思われる。戦時中に「非国民」と非難されるのと、現在「イタい」「気持ち悪い」「愚か」と非難されるのでは、批判の度合いは違うだろう。第一、不良老人は、戦争中に非国民となることで完全にシステムから離脱しているのに対して、美魔女たちは「若く美しく」規範（システム）に乗ってしまっている。「延々と外見の老化に抗う」ことは、「若くあるべき」という規範に「まんまとのせられている」ではないか（それどころか、③の批判＝「美魔女は家事をやっていない」に対して、「美魔女は家事もしている」という反論をしているわけだ。この反論を見る限り、美魔女は「妻・母規範」にも乗ろうとしているので、双方の規範に乗ろうとしているとも考えられる）。

しかし、彼女たちの意図とは関係なく、その存在自体が「年齢以上に若く美しくあろうとすることは禁忌である」という規範に抗っていることになる。年をとっても延々と若さを保とうとする美魔女たちは、一つの規範を後押しする（規範に乗せられている）が、「意図せざる結果」として一つの規範に抗う「諸刃の刃」となっているのである。

そうすると、自らの信じる欲望（欲望自体が社会によって作られたものだとしても！）に忠実に生きる姿は、ある意味では「不良老人」と呼べる側面を備えている。老人と呼ぶと叱られるかもしれないので、ここでは「不良ミドルエイジ女性」と呼んでおこう。ともかく、「徹底的に老いに抗う」ことは、ゲリラ的な対抗戦略になる可能性が残されている。一面では規範(＝システム)に乗りつつも「別面では規範に逆らうことで」内部からシステムに小さな穴を穿つ可能性がある。したがって、これも対抗戦略の一つと考えることができるだろう。

今回取り上げた美魔女の存在は、一部女性の「声」である。こういった声は、これまで社会に発信されづらかった。というのもミドルエイジ女性は「美容に気を遣う必要はない」とされてきたからである。だが時代の変化の中で、新たな「声」が、「イタい」「気持ち悪い」とバッシングを受けながらも、表出してきたわけである。それは、高齢社会のなかで、女性がどう老いていくかという決まったモデルが失われている中、ある面から見れば先駆的な「声」として捉えることも可能である。

もちろん、その「声」が、ある種の女性規範(＝若く美しく！)に従うものであり、化粧品会社、医学やマスメディア、資本主義の論理に浸食されているものであることを忘れてはいけない。とはいえ、年相応に年齢を受け入れる人、年齢を重ねる方が美しいと考える人、延々と老化にあらがって外見の若さを求める人など、多様な人がいて、多様な価値観があることが重要であろう。二重の(それどころか多重の)女性規範の中で、その規範に従ったり、無視したり、抗ったりする様々な「声」が存在することが肝要であると思う。最終的には、声の「多様性」こそが、規範に取り込まれないための方策になり得るのではないだろうか。

[注]

1 『美ＳＴ』は、「40代向け初のファッション誌」（『出版指標年報』2003）である『STORY』（光文社、２００２年創刊）から派生した。２００８年に『STORY』の増刊号として「美ＳＴＯＲＹ」が発行され、翌09年には月刊化する。２０１１年には『美ＳＴ』に名称が変更された。

2 例えばカイザー, S. B.,（1994）等を参照のこと。

3 中村うさぎ「イタい女」の作られ方 http://bunko.shueisha.co.jp/usagi/01_03.html

4 日刊ゲンダイ「小藪千豊のきゃーん言わしたる！」http://gendai.net/news/view/110906 ２０１３年９月13日（最終アクセス）

5 http://japan.techinsight.jp/2012/12/striketv_imadakouji1212111401.html ２０１３年９月13日（最終アクセス）

第Ⅱ部　美容整形を受ける人々——動機・特徴・コミュニケーション

4章　自己満足の発見と二つの問い

人は自らの身体に満足せず、外見を加工する。いつの時代にも「外見を整えること」は行われてきたが、その意味づけは様々であっただろう。例えば、顔におしろいを塗る行為は、ある時は「魔除け」のためになされ、あるときは「仲間同士の連帯」のためになされ、またあるときは、「おしゃれ」のためになされてきた。S・ネトルトン（Nettleton, 1995）が指摘するように、身体が所与の自然物ではなく「社会によって位置づけられる」存在である限り、外見を整える行為もまた、社会によって位置づけられる。

つまり、外見を整えることの意味づけは、「当該社会によって」構築されていくのである。当然、その意味づけを考察することは、当該社会を考えることにつながっていくことにもなる。そして、現代における外見加工を考える上で、美容整形[1]（美容外科手術と美容医療）のような実践はたいへん示唆に富んでいる。

ところで、これまで美容整形は「劣等感克服のため」または「異性に対するアピールのため」に行われていると説明されてきた。[2]もちろんこれらの説明は間違いではない。

だが、筆者の調査からは違う側面が観察できた（谷本2008参照。第1回アンケート調査と当該年度までのインタビュー調査によるデータを使用）。違う側面とは、第一に、外見に自信のある人（外見が良いとみなされる人）が自信のない人よりも美容整形を希望しており「劣等感」という説明だけでは成立しないこと、第二に、実際の整形実践者たちの多くが「異性へのアピール」を否定し「自己満足」「自己の心地よさ」のために整形を行うと語ることである。

4章では、これまでの議論を振り返るとともに、「自己満足・自分の心地よさ」についてより発展的に考察する。具体的には自己満足という議論から二つの問いを析出し、方法論を新たに設定する。

1　先行研究：異性と劣等感

先行研究では、人が外見を整える理由として「他者（特に異性）へのアピール」が挙げられてきた。たとえば、生物学者の蔵琢也（1993）は「社会心理学において容貌は、異性に対する対人魅力のもっとも重要な因子である。［中略］他の要因を引き離して最も重要な要因になる」と語り、精神・神経科医の村松太郎（2004）も「生物の美に関する限り、それが性的魅力であることは否定できない」と述べている。服飾史家のJ・アンダーソン・ブラック（1975=1985）も、外見を整えるのは異性へのアピールが最も大きな理由であると結論づけている。異性へのアピールとして外見を整えるという理由は一般的にも理解しやすいものであろう。

また「劣等感」も美容整形の理由として語られてきた。たとえば、精神・神経科医の白波瀬丈一郎（2004）は「美容外科を希望する人々は、自分は醜いと劣等感をもって」いると考え、それゆえ美容整形を受けると述べている。そもそも劣等感というターム自体、美容整形が普及するにあたり、美容外科たちが利用した心理学用語である。20世紀初めのアメリカの外科医たちは、精神の問題であったはずの劣等感について、その原因を身体の美醜に結びつけることで、劣等感を治してやるためには肉体を変えてあげる必要があるという論理に変化させ、美容整形への「正当な」理由としたという（E・ハイケン 1997=1999）。

2　自己満足のため

だが、私たちは他者（異性）へのアピールのため、劣等感のためだけに外見を加工するわけではない。外見を加工する契機はもっと複雑で複合的であろう。筆者による美容整形調査の結論を繰り返せば（成果の一部は谷本 2008、2012 に著している）、美容整形を希望する人が語る理由の多くは、「自己満足」「自己の心地よさのため」であったのである。２００５年の第1回アンケート調査（図4−1）では「自己満足のため」が最も多く、回答項目を変えて調査した２０１１年の第２回アンケート調査（図4−2）でも「自分が心地よくあるため」が最も多く理由とし

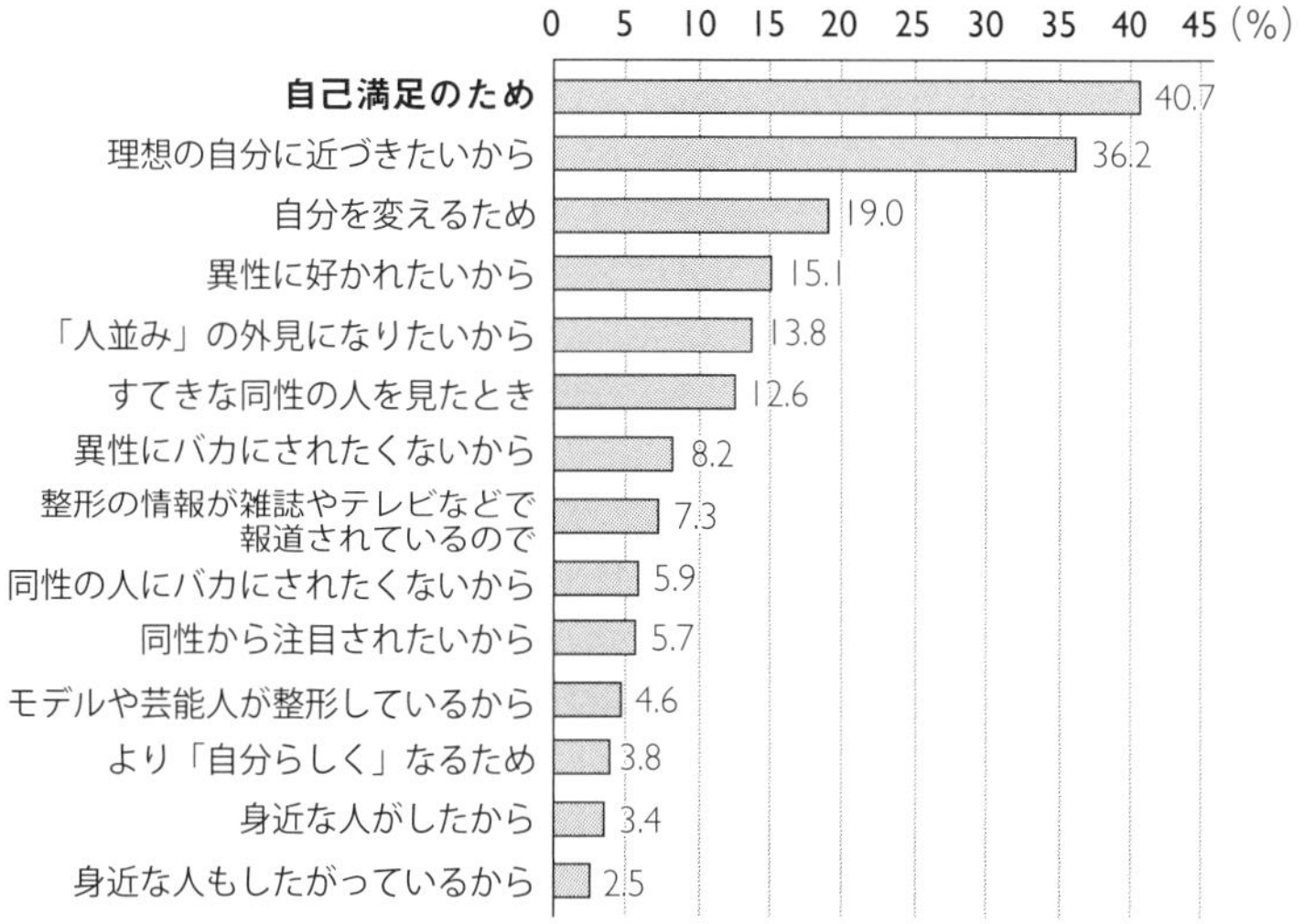

図4－1　整形したい理由（第１回アンケート調査）

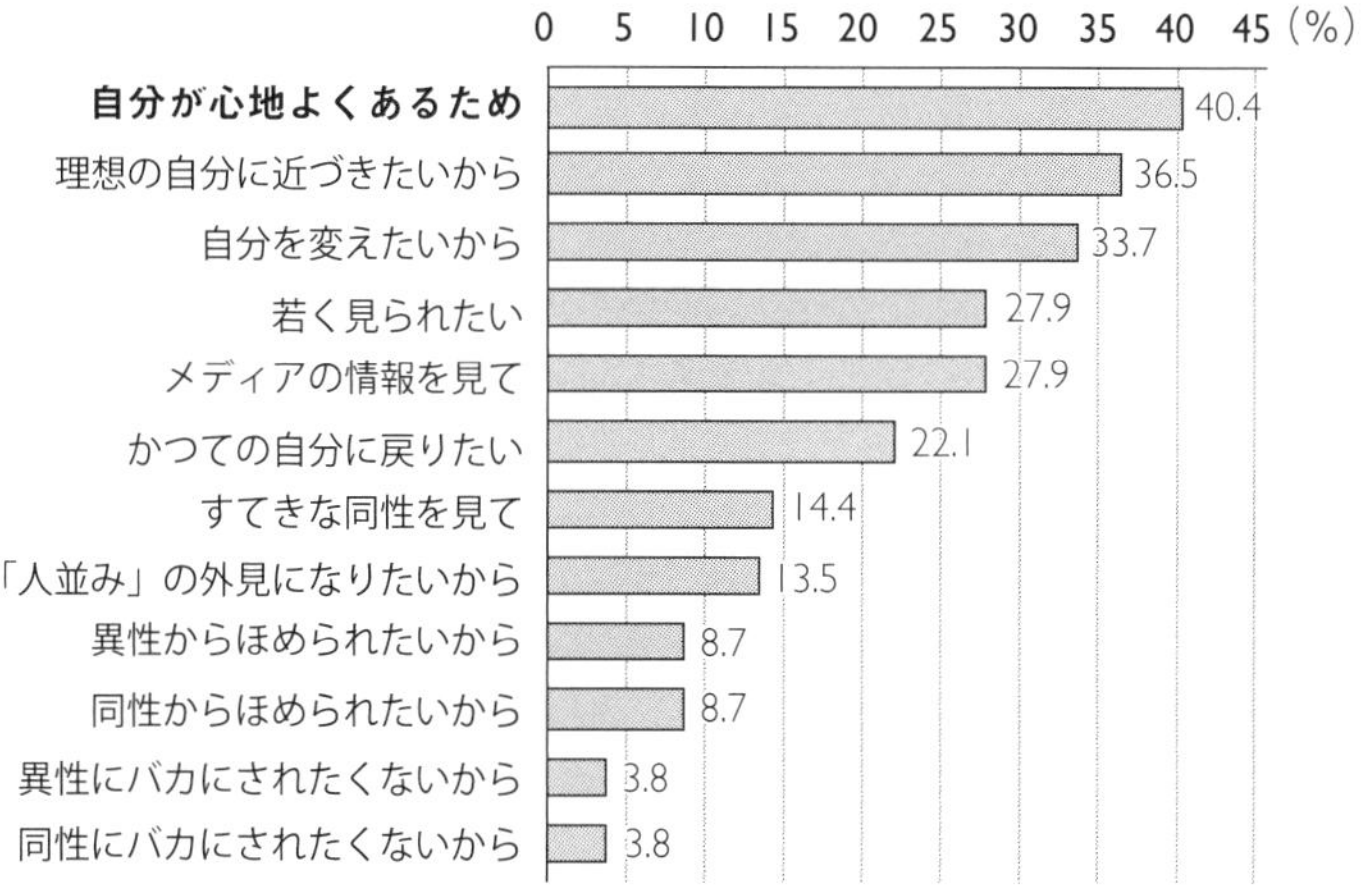

N=104（整形を希望する25～64歳男女）

図4－2　美容整形希望者の受けたい理由（第２回アンケート調査）

てあがった。
第1回調査と第2回調査で文言は違っているが、いずれにせよ「自分の満足のため」とする理由が主流であるといえる。また、自己満足という表現は、美容整形実践者に対するインタビューで実際に多く聞かれた（以下インタビューの一部は谷本2008から再録あり）。

Aさん（20代女性、二重まぶたにする手術）「もてたいとかではないですね。自己満足かな。［中略］ほんま自己満足なんですよ。わー（二重に）なってる！って。自分だけの満足」

Cさん（50代女性、二重まぶたにする手術）「嬉しかったですねえ、嬉しくて。（自分で）見るのがなんか楽しい。どれどれ、あ、二重になってる、なってる、って、確認するかのごとく」

また、Dさんは、美容整形を行うことで周囲にどう反応されるかも気にならなかったと言っているが、このような語りは頻繁に聞かれた。

Dさん（20代女性、二重まぶたにする手術）「別に、人にどう言われたから嬉しいとかよりも、自分自身が嬉しかったので。本当に、人に気付かれたら気付かれたで『良くなったんだな』って思うし、気付かれなかったら別に何も思わないし、ぐらいの感じですね」

実際に周りに施術を気づかれなかったというFさんは、美容整形の意味を自己満足として定義づけた。

Fさん（30代女性、シミとほくろをレーザーで除去）「自己満足（笑）。自己満足の世界だったんですけど。よっしゃ、（シミが）消えたみたいな。消えるんだねえ、きれいに、みたいな」

医師へのインタビューでも、美容整形を望む人々が、他者から何かを言われて外貌を変えたいというケースはほとんどいないという。

K医師「誰かにいじめられてとか、そういうことはない。いじめられたから二重にしたいという人は、まずいない。にきびとか、シミ、シワも人に言われてという人はいない。自分がどうしたいかというのが、ほとんどですね」

筆者のこれまでの調査研究において、美容整形経験者の動機は自己満足であるとひとまず結論づけることができよう。

3　性別と自信

もちろん「劣等感を克服する」「異性にモテたい」という理由もないわけではない。しかしながら、その理由には性別と自信による差異が見られた。

まず、整形を希望する理由の男女差を見てみよう（表4-1）。明らかなのは、男性の方が女性より、「異性に好かれたい」という理由をあげていることである。データは第1回アンケート調査のものだが、第2回アンケート調査でも同じ傾向が確認できている。

また、実際に美容整形をしたある人は次のように語っている。

Eさん（20代女性、二重まぶたの手術）「（整形するのは）男の人のためっていうより自分のためだと思う。私も男の人のためとか、彼氏がほしいからとか、そういうことは一切思ったことがない。自分のためだった。［中略］ぜったい自分のため。うん。私は、整形するまで男の人と一度も付き合ったことがなかったんだけれども、それでも、男の人のためとか、もてたいとか、彼氏がほしいからとか、思ったことは一度もない」

こうしてみると、「異性に好かれたい」という言い方は、男性の方がしがちであり、「整形は

表4－1　整形したい理由・男女差（第1回アンケート）

	男	女	χ^2値
1. 身近な人がしたから	0%	6.6%	6.079*
2. 身近な人もしたがっているから	0%	4.7%	4.226*
3. モデルや芸能人が整形しているから	3.4%	7.8%	1.977
4. 整形の情報が雑誌やテレビなどで報道されているので	2.3%	13.7%	8.727**
5. すてきな同性の人を見たとき	10.3%	21.9%	5.629*
6. 同性から注目されたいから	9.2%	8.2%	0.083
7. 同性の人にバカにされたくないから	8%	9%	0.072
8. 異性に好かれたいから	36.8%	18%	12.943***
9. 異性にバカにされたくないから	12.6%	11.7%	0.053
10. 自己満足のため	58.6%	62.9%	0.502
11. より「自分らしく」なるため	8%	4.7%	1.400
12. 理想の自分に近づきたいから	46.5%	57.4%	3.094
13. 自分を変えるため	22.1%	30.9%	2.420
14.「人並み」の外見になりたいから	22.1%	20.3%	0.124

表の値は各項目が選択された割合を示す
N=343（*** $p<.001$, ** $p<.01$, * $p<.05$）

もてたいからするんでしょ」との思い込みは、男性的な身体観に起因しているといってよい。男性による身体観が、そのまま整形理由（周囲による予測）として転用されているのである。

次に、アンケート対象者を「外見をよく誉められる」「そうでもない」で分類し、整形を希望する理由の差を見てみた（表4－2）。外見を誉められない人は「人並みになりたいから」と答えている割合が確かに高い。だが、注目すべきは誉められる人が「自己満足のため」と答えていることである。「自己満足」という語彙が「理由として採用される」ということは、「外見に自信はあっても美容整形を受けたい人」が、かなりの数に上っているから

表4－2　整形したい理由・外見を誉められるか（第1回アンケート）

	外見をほめられる	どっちでもない	ほめられない	χ^2値
1. 身近な人がしたから	3.7%	5.6%	1.2%	4.434
2. 身近な人もしたがっているから	3.3%	3.5%	0.6%	3.473
3. モデルや芸能人が整形しているから	7%	4.2%	1.8%	5.642
4. 整形の情報が雑誌やテレビなどで報道されているので	10.2%	3.5%	6.7%	5.862
5. すてきな同性の人を見たとき	16.3%	10.5%	9.8%	4.346
6. 同性から注目されたいから	8.8%	4.9%	2.5%	7.232*
7. 同性の人にバカにされたくないから	4.7%	7.0%	6.7%	1.112
8. 異性に好かれたいから	20.6%	12.6%	10.4%	8.410*
9. 異性にバカにされたくないから	7%	7.0%	10.4%	1.506
10. 自己満足のため	50.7%	31.5%	36.2%	15.294***
11. より「自分らしく」なるため	4.7%	3.5%	3.1%	0.692
12. 理想の自分に近づきたいから	43.7%	30.8%	30.9%	9.093*
13. 自分を変えるため	19.5%	15.4%	3.5%	1.965
14.「人並み」の外見になりたいから	9.3%	13.3%	20.4%	9.539**

表の値は各項目が選択された割合を示す
N=343（*** p<.001, ** p<.01, * p<.05

だと推察できる。
　インタビューでも同様の傾向が確認できる。Dさんは、読者モデルのアルバイトをしていて、自らの外見に自信を持っていた。それでも、「もっとよくなりたい」という理由で、美容整形に踏み切っている。Dさんのような例は他にも多く聞くことができた。

筆　者「コンプレックスがあったわけじゃないんですか？」
Dさん（20代女性、二重まぶたにする手術）「はい。マイナスからプラスというイメージの人が多いけど、私はそうじゃないと思う。［中略］私はさっきも

『もったいない』という表現をしたと思うんですけど、『もっとよくなりたい』とか『もっとこうした方がいい』とか『もっとこうしたらよくなれる』というのを結構考えて生きてきてるので。プラスからプラス、もっとプラスを強くしたいというニュアンスでやった部分がありますね」

4 「自己満足」を再考する

以上、筆者によるこれまでの議論を振り返ってきたが、立ち止まって考えてみると、「自己満足」とは都合のいいマジックワードである。このタームを使えば、様々な理由を含むことができるからだ。「自己満足といっても本当は劣等感があるのではないか」「実は異性にもてたいからではないのか」「他の理由が何であっても自己満足といえる」などと穿って批判することもできるだろう。

しかし、この手の批判はあまり意味がないと筆者は考えている。以下、三つの点で批判に応答しよう。

第一に、インタビューデータの扱いに関する立場の違いがある。以前、筆者は次のように書いた。少し長くなるが引用する。

インタビューデータの解釈については数多くの議論がある。インフォーマントの言葉の裏を考える必要があるかもしれないし、インタビューするという行為そのものがインフォーマントの言葉に与える影響を考慮すべきかもしれない。インフォーマントの言葉は（インタビュアーとの間で）構築されるからである（例えばフスーアシュモア（Huss-Ashmore, 2000）参照）[3]。だが、ここでは、インフォーマントの語りを言説として「リアリティ」をもつものとしてそのまま受け取ることにする。本書はインタビューの方法論について議論する場ではないし、インフォーマントの「内面」を問題にしすぎていたずらに議論を複雑にすることは避けたい。また、同時に、個人の語りに焦点を当てながら個人史を追うのではなく、インフォーマントの言葉に（個人の物語に反映した）共同体の物語があるという立場をとることにしたい。

この立場からいうと、インフォーマントの語る自己満足が「本当は違うのではないか」と疑うこと自体が無意味となる。

第二に、そもそも「自己満足」とは「動機の語彙」（C・W・ミルズ）であるからだ。ミルズによると、動機とは、一般に信じられているのとは違って、人の内部にある心理的状態や属性などではなく、「類型的な語彙」である。私たちは、自分や他人の行為を解釈したり説明したりするときに、既成の――つまりは「常識的な」――語彙を使用することで、安定的な相互作用を保つという。その意味で、自己満足とは「具体的な理由」というよりは、「そう言えばすむ語彙」なのである。

だからといって、当事者が語る言葉を無視して、当事者の「真の」動機を（研究者の側で）「決定する」ことはできないだろう。「自己満足と言っているが本当は劣等感があるのではないか」などと決めつけ、当事者の「真の」動機を研究者の側で決定することは、おそらく不可能である。

むしろ、様々な理由のバリエーションの中から「自己満足」「自分の心地よさ」が、美容整形の「適切な」理由として、実践者に選ばれるという事実にこそ目を向けるべきなのである。「自己満足」が語られる社会背景や人々のあり方を考察する方が、自己満足の「真の」動機を追求するより有意義であろう。大事なことは、身体を変更する時に「自己満足」という言葉を出せば正当化されるという現実なのである。以上のような立場に立ち、前著では「自己満足」の「真の」中身を追求するよりむしろ、自己満足が語られる際の自己像や社会背景を考察していったのである（谷本 2008 など）。

第三に、当事者の動機は単一のものではなく様々な要素が混じっていることから、「自己満足」というタームをより多角的に考えるため、美容整形希望者・経験者がどういった身体観を持っているかについてより深い分析を行った（第2回アンケート調査、詳細に関して5章で述べる）。美容整形ではなく、一般的に外見を整える（髪を切ったり服を着替えたりする）のは

表4－3　なぜ外見を整えるのか（差が出た項目のみ提示）（第２回アンケート）

美容整形を	同性に評価されたい	異性に評価されたい	流行に乗り遅れないため	**自分が心地よくなるため**	若く見られたいから	同性にバカにされないため	異性にバカにされないため
希望する	38.8%	28.7%	10.0%	**62.5%**	31.3%	8.8%	6.3%
しない	18.4%	9.7%	2.8%	**48.1%**	14.7%	2.8%	1.9%

N=400（女性のみ）　χ^2検定：5%水準

なぜかという問いに対しての回答を見てみたい。ここでは回答項目を「自己満足」というマジックワードではなく、「自分が心地よくなるため」という文言に言い換えてある（表4－3）。

「自分が心地よくなるため」という理由は、美容整形に関心のない人も、48・1%と最も高く支持している。つまり、「自分が心地よくなるため」とは、一般的に外見を整える理由として誰しもがあげる「常識的な」理由であるといえる。しかしながら、注目すべきは、美容整形を望む人の方が62・5%と、より高い割合で同じ理由を挙げていることである。つまり、美容整形・美容医療を志向する人にとって実際に「自分の心地よさ」や「自己満足」は、特に重要な理由となっているのである。美容整形も、ウソでなく「自己のために」なされる動機づけであると明らかである。

筆者は、以上三つの根拠から、美容整形の動機は「自己満足である」と再度主張したい。

5　新たな動機解明へ向けて：二つの問い

今や美容整形の動機として「自己満足」が主流であるならば、次にはその「自己満足」について二つの問いが生じてくる。

①「自己満足」を語る時の「自己」とは、一体どんなものか。

一口に自己満足というが、どのような属性と意識をもつ自己なのか。これまで詳細に検討されてこなかったが、調査する必要があるのではないか。

②希望者や実践者は「自己満足」を語りつつも「他者の評価」も気にしている。その時の「他者」とはいったい誰なのか。

表4-3を見ると自己満足の項目以外では、「同性に評価されたい」「異性に評価されたい」などの他者を意識する項目も、美容整形を志向する人で割合が高い。この点についても分析する必要があろう。

つまり、「どのような自己が（①）、誰の影響で（②）、美容整形をするのか」という問いである。以上の問いに対して、5章と6章で検討したい。

同時に、方法論について刷新していく必要もあるだろう。具体的にいうなら「動機の語彙」を超えて、「誰が誰を意識して美容整形をするのか」を「比較分析」と「コミュニケーション」の観点から明らかにしていくつもりである。

［注］

1 整形手術の歴史は古いが、現代的な意味での美容整形は20世紀に入ってから普及した。日本においては大正期ごろと推定される。美容整形の歴史に関しては谷本（2008、2013）を参照。本書では現代的な意味での美容整形に焦点を当てるため、歴史的経緯については割愛する。

2 なお、劣等感克服（＝マイナスをゼロにしたい）心理と、異性にもてたい心理（＝現状よりプラスにしたい）は、一見異なるものだが、美容整形を他者へのアピールのための行為と捉える点では共通したものである。

3 フス-アシュモア（Huss-Ashmore）は次のように議論する。患者による美容整形の説明は、彼女たちの（整形）実践という経験の中心となる。つまり、（説明が）それらの経験（＝実際の整形という経験）を反映しているだけでなく、それらを構成することを助ける、と。Huss-Ashmore, R., 2000, "The Real me: Therapeutic Narrative in Cosmetic Surgery", *Expedition* 42(3), 26-38.

5章　美容整形を望む人々の特徴——自分・他者・社会との関連から

4章で、美容整形の希望者や実践者が語る「自己満足」について、二つの問いを見出した。本章では、一つ目の「自己満足」を語る際の「自己」とはどんなものかについて検討する。そして、方法については「日常的な身体観の調査」と「比較分析」を行う。美容整形などの動機を探るには、実践した人にインタビューするのは絶対に必要である。実践者の語り抜きで論じることは不可能であろう。しかし、インタビューだけでも足りないのである。インタビューによる事後の語りは、動機の語彙であり、美容整形を正当化する戦略が無意識であれ含まれることになるからだ。したがって、まずは、希望者の意識——特に美容整形を希望する理由ではなく、そもそも持っている日常的な身体意識——についての調査を組み合わせてこそ、インタビューが初めて意味を持つ。

同時に、アンケートにおいては、美容整形の希望者と非希望者あるいは実践者と非実践者を「比較」した分析を行う必要があろう。美容整形の希望者ないし実践者の特徴は、希望者・実践者だけを調べていても明らかにならない。実践者が「外見に対する社会的圧力を感じていた」という知見を得たとしても、非実践者も感じているかもしれない。非希望者・非実践者と比較することで初めて特徴が明らかになるからだ。

具体的には、①美容実践を望む人々の社会的属性、②美容実践を望む人々の身体意識および美容を望む意識を規定する要因について明らかにしたい。（③主体性との関連も明らかにするが、これに関しては後述する。）

1 先行研究レビュー：身体への強制力と自己満足

1-1 身体への社会的強制力

身体はアイデンティティに影響を与える。一方で、身体はアイデンティティを固定化する。生まれつきの皮膚の色、体型、健康の程度、身体的能力などは、私たちのアイデンティティを否応なく形づくっていく。他方で、身体を変えていけば――医療の力や運動を通じて――、私たちはアイデンティティを変えていくこともできる。身体はアイデンティティを変容させる契機ともなるのである。

後者の観点、すなわち自分の身体を変えてアイデンティティを再構築できる点については、様々な指摘がなされている。一部で「自由」や「変化」や「自己決定」として称揚する向きもあるが、社会学的議論の多くでは、身体を「変えていくこと」「形づくること」は、個人による本当の自由選択ではないという批判がなされている。例えば、M. Featherstone（1991=1999）は、首尾一貫したアイデンティティの感覚を構築し維持するために、身体は自己表現の「乗り物」にさせられると主張するが、それは結局、「消費主義consumerism」によって強制されていると見なしているし、R. GillとK. HenwoodとC. McLean（2005）も、個人のアイデンティティの一部として身体を変形させるように「働きかける圧力」があると考えている。「消費主義」にしろ「圧力」にしろ、それは身体を変えさせていくような「社会的強制力」であることに変わりない。

身体美についての議論においても、強制力の指摘（と批判）は数多くなされている。例えば、河原和枝（2005）はフィットネスにおける「健康」と「ファッション（あるいは美）」のイデオロギー性を問題としている。河原は、フィットネス産業によって、健康への不安が社会的に構築されることや、魅力的な身体像がねつ造されることを問題視する。それはつまり、健康不安を煽り、美的身体像を押しつける「イデオロギー」というある種の「社会的強制力」を措定していることでもある。

当然、美容整形も、女性を縛りつける美への社会的強制力に従うこととして論じられる。A. Balsamo（1996）やBordo（2003）たちの主張では、たとえ、整形実践者が「自分の好きな顔に変える」と言ったとしても、そこに「本当の」自己決定があるわけではなく、社会に伝播する女性美の典型に合わせるような形で顔をつくりあげていることになる。あるいは、井上輝子（1992）も女性に美しさが「義務として課せられている」ことを批判しているし、笠原美智子（1998）も「外見上の平均的美の基準を押しつける文化構造とそこから生み出された一律な価値観が問題」だと述べている。このような、美容実践を「女性たちが美の社会規範に縛られているが故の行為」と捉える議論が、盛んになされてきたのである。

1-2　身体の所有と主体性

美への強制力を認識し、それを批判することは重要である。しかし同時に、人びとが美容実践を行う複雑なモチベーションを、実践者たちの語りに寄り添う形で、明らかにしていく視点も必要であろう。美容実践を「社会的強制力」に従うものとして捉える先行研究が大勢を占める中で、このような角度からの研究も進められている。

例えば、D. L. Gimlin（2002）は、美容実践を行う女性へのインタビューを通して、身体を変えていく時の複雑で感情的なモチベーションを明らかにしようとした。そして、女性達が美への社会規範に従わされているという、従来的な見方に反論している。女性が美容にまつわる実践への参加を通して自分のアイデンティティを再定義し、同時に、身体に働きかけるのと同じように自己イメージに働きかけることの意義を、Gimlin は明らかにしたのである。彼女の議論の中で、美容整形は、それを選択する多くの人にとって、最終的に人生にエンパワーメントを与える経験になりうるという。

あるいは、K. Davis（1995）も、美容整形の可能性を、自分と身体との関係を変えていき、違ったアイデンティティを構築できるところに見いだす。一人の女性が身体に縛られた自分自身を受動的に受け入れていくのではなく、身体において／身体を通して世界に働きかける主体となることを指摘しているのである。

つまりは、美容整形を、「自分の力で身体を変え、ひいては、自分自身のアイデンティティのあり方を再構築できる」経験として捉えることができるというわけだ。[1]このような先行研究が指し示しているのは、美容整形におけるエンパワーメントの存在であり、実践者が自分の外見を自分の好きなようにしようとする「主体性」をもっている事実である。したがって、美容整形は、「自分の身体は自分のものである」という所有感や、「自分の身体を自分自身で変えていける」という身体への統制感と、密接に結びついていることが予測される。

「身体の囚人 a prisoner of her body」（Davis）になるのではなく、身体の所有者となること、そしてその身体を主体的に変える経験を通じて自己アイデンティティも再構築すること。この視点から美容整形を見れば、単なる社会的強制力に踊らされているわけではない、実践者の意識もうかがえよう。二人の研究は、これまでの先行研究を乗り越えようとする試みであり、実践者の語りにより寄り添った考察をしているものといえる。

1-3　動機の語彙としての自己満足

すでに述べたように、美容整形は一般的には「身体について劣等感があるから」、「異性に魅力的と思われたいから」するのだと語られ、研究者によって「社会的強制力」を言及されてきた。だが、当事者達の語りとしては「自己満足のため」が整形の理由に多く挙げられている。したがって、自己満足についてより深く検討する必要があるだろう。自己満足の中身を決定することは不可能でも、一口に自己満足として語られるものが具体的にはどのような状況を指しているのかを、もう少し整理することは可能であると考える。

特に、1-2で述べた「身体の主体性」の議論との関連を明らかにする必要もある。自己満足のため行われる美容整形とは、身体を自分のものと感じ、身体を自分自身で変え、自分のアイデンティティを再定義するような主体的な経験と同じなのだろうか。

そこで本章は、冒頭に示した①美容整形を望む人々の社会的属性、②美容整形を望む人々の身体意識および美容を望む意識を規定する要因に加えて、③自己満足と身体の所有観や主体性との関連も見ていきたい。そうすることで、社会的強制力の議論とは違う視角を与える「主体性」の議論を、さらに深化させることになるだろう。

2　分析結果

2―1　調査概要

本章①②③の問いを明らかにすべく、アンケートで美容に関わる意識調査を行った（第2回アンケート調査。調査票の選択肢については「はじめに」注6参照）。

男女800人に対する「あなたは美容整形（美容外科手術または美容医療）を（片方だけでも）今後してみたいと思った（思う）ことはありますか」の質問に対して、「よくある」「時々ある」をあわせて104名、「ほとんどない」「全くない」は696名であった。回答者を女性だけに絞ると、「よくある」「ときどきある」が80名となり、20％もの人が医療による身体の美化を行いたいと思ったことがあると分かる（表5―1）。

実際にそれらを行った人は、メスを使う美容外科手術を受けた人が8人（男性2、女性6）、美容医療を受けた人が28人（男性1、女性27）となった。女性のみに関して言えば、美容医療を実際に受けた人は6・8％にのぼっている。

女性の5人に1人が美容整形を受けてみたいと感じ、5％を超える人たちが美容目的の医療措置を実際に受けていることは、小さな数字とは言えない。美を目指して病院に行く人が一定数いることを示している。おそらく、美容整形を望む人々の意識は、（望まない人々をも含

表５－１　美容整形・美容医療をしたいと思ったことがあるか（第２回アンケート）

	全体		女性のみ	
	N（人）	%	N（人）	%
よくある	16	2.0	15	3.8
時々ある	88	11.0	65	16.2
ほとんどない	227	28.4	121	30.2
全くない	469	58.6	199	49.8
合計	800	100.0	400	100.0

む）より一般的で広範な身体観に下支えされつつ、構築されていると考えられる。

そこで、まずは、美容とは別の一般的な身体観を確認する（２－２）。次に、「美容整形を受けてみたいと思う人々」の意識を考察する（２－３）。さらに、「受けたい」と思うだけではなく、実際に美容整形を実践した人の意識を確認する（２－４）。最後に、美容整形を望むことに最も影響を与える要因は何かを明らかにしたい（２－５）。

２－２　一般的に外見を整える理由

美容にかかわらない「一般的に外見を整える理由」を示す。「あなたにとって服や髪型をかえるなど自分の外見を整える理由はなんですか？」という質問に、マルチアンサーで答えてもらったところ、図５－１の結果を得た。上位３つの項目は「身だしなみとして」68・9％、「清潔感を保つため」40・4％、「自分が心地よくなるため」39・8％となっている。

年代および性別による差異はどうなっているだろうか。本調

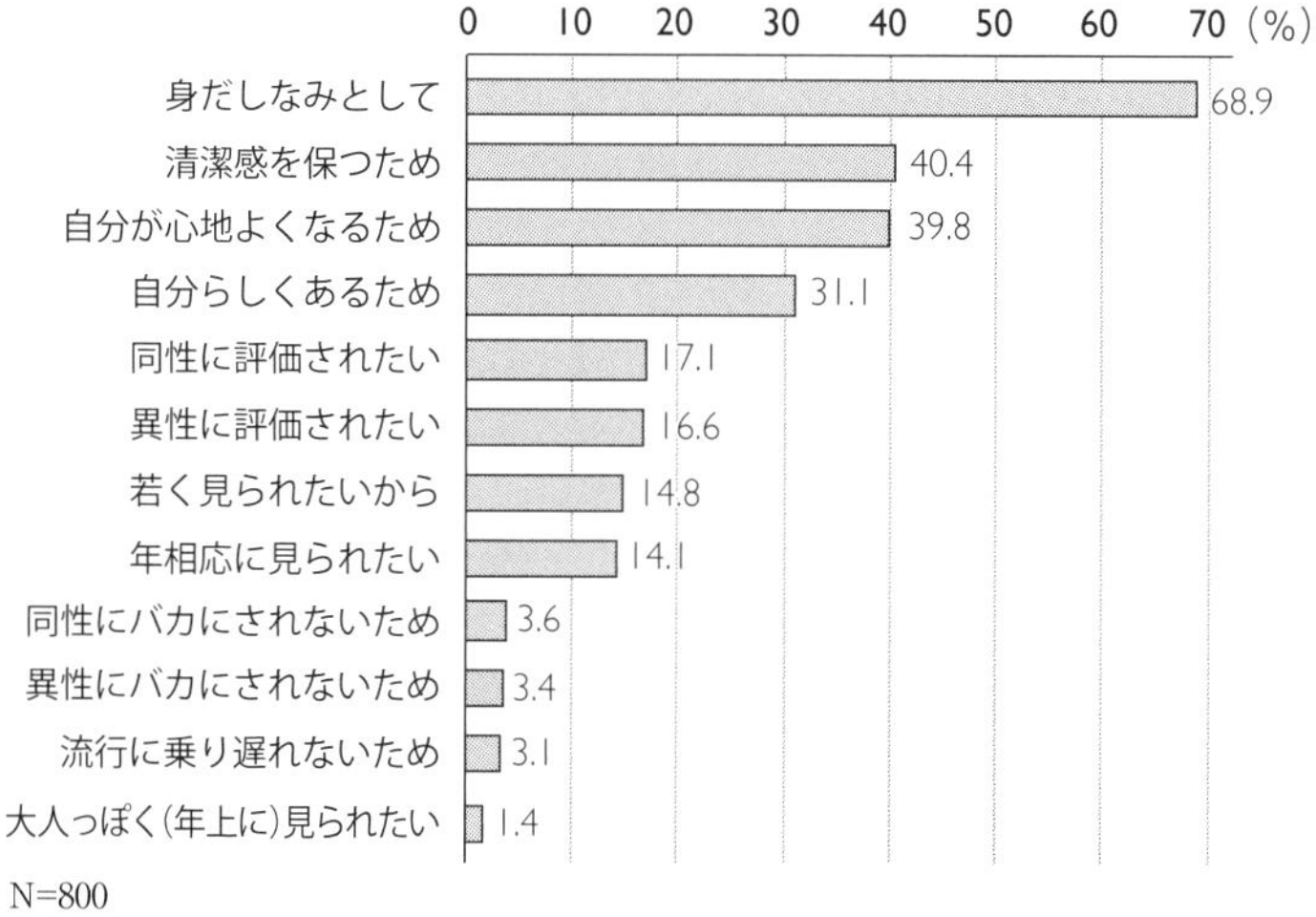

図5－1　服や髪型をかえるなど自分の外見を整える理由(第2回アンケート)

査データは無作為標本を用いたものではないが、差の大きさを判断するためにカイ二乗検定を行い参考としたい。

年代について、次のような差異が確認できた。年代が若いほど、「同性に評価されたい(-.153**)」、「異性に評価されたい(-.210-**)」、「流行に乗り遅れないため(-.073*)」、「自分が心地よくなるため(-.098**)」、「同性にバカにされないため(-.029*)」、「異性にバカにされないため(-.105*)」が多い。他方で高齢になるほど「身だしなみとして(.072*)」と答えている(数値はKendallのタウb、**は1%水準、*は5%水準で有意)。

また性別による差異として、男性は女性に比べて「異性に評価されたい」と答え(5.626*)ている。逆に女性は「同性に評価されたい」(16.283**)、「自分が心地よくなるた

表5-2　一般的な外見を整える理由の年代・性差（第2回アンケート）

若者	→	自分・他者
中高年	→	社会
男性	→	他者（異性）
女性	→	自分・他者（同性）

め」（42.277**）、「自分らしくあるため」（8.869**）、「若く見られたいから」（6.720*）、「年相応に見られたい」（11.222**）と答える傾向がある（数値はPearsonのカイ二乗、**は1%水準、*は5%水準で有意）。

ここで、外見を整える理由の位相を、「自分」「他者」「社会」の三つに分けてみたい。[2]もちろん「自分」「他者」「社会」の三つは、実際のところ明確に分かれるものではないので、あくまで分析的に分けて考えるということである。「自分が心地よくなるため」、「自分らしくあるため」という言い方を「自分」を照準した理由として捉え、具体的に他の人からどう見られるかという「同性や異性に評価されるため」「バカにされないため」「若く見られたいから」などを「他者」を照準した理由として捉え、同じく他者を照準するのでもより社会的な配慮を前提とした「清潔感を保つため」、「身だしなみとして」を「社会」を照準した理由と捉えてみる。

そうすると、年齢別で見ると、若者は「自分」と「他者」、中高年は「社会」を意識して外見を整えていることになる。また、性別で見ると、男性は「他者」の中でも特に「異性」を重視し、女性は、「自分」と他者の中の「同性」を重視することが分かる（表5-2）。性別に関する分析結果は、若い層を対象とした第一回調査と一致しており、男女の意識差は幅広い年齢層で見られるといえる。

2-3 美容整形を希望する人の意識

一般的には2-2で見たような身体観があると前提した上で、美容整形（美容外科手術・美容医療）を望む人に注目していきたい。美容整形をしてみたいと思うことが「よくある」「時々ある」と答えた人は104名いたが、その人々に対して、「興味を持ったのはなぜですか」を問うた。その回答は図5-2（4章図4-2再掲）に示してある。やはり「自分が心地よくあるため」が一番多く、「自分」という位相が強調されている。

上から順に「自分が心地よくあるため」40・4％、「理想の自分に近づきたいから」36・5％、「自分を変えたいから」33・7％とすべて「自分」という語彙の理由があがっている。次には「メディアの情報を見て」と「若く見られたい」が27・9％で支持されている。理由としてまずは「自分」があがり、そのほかにはメディアの影響と年齢に関わる項目があがるのである。

「自分が心地よくあるため」であることが最も多いのは、第1回アンケート調査で「自己満足のため」が一番支持された理由であったことと類似している。美容整形を望む当事者達の語りでは、ある種「自己満足」に似た語彙が選ばれることが、第2回アンケート調査でもはっきりと示されたことになる。

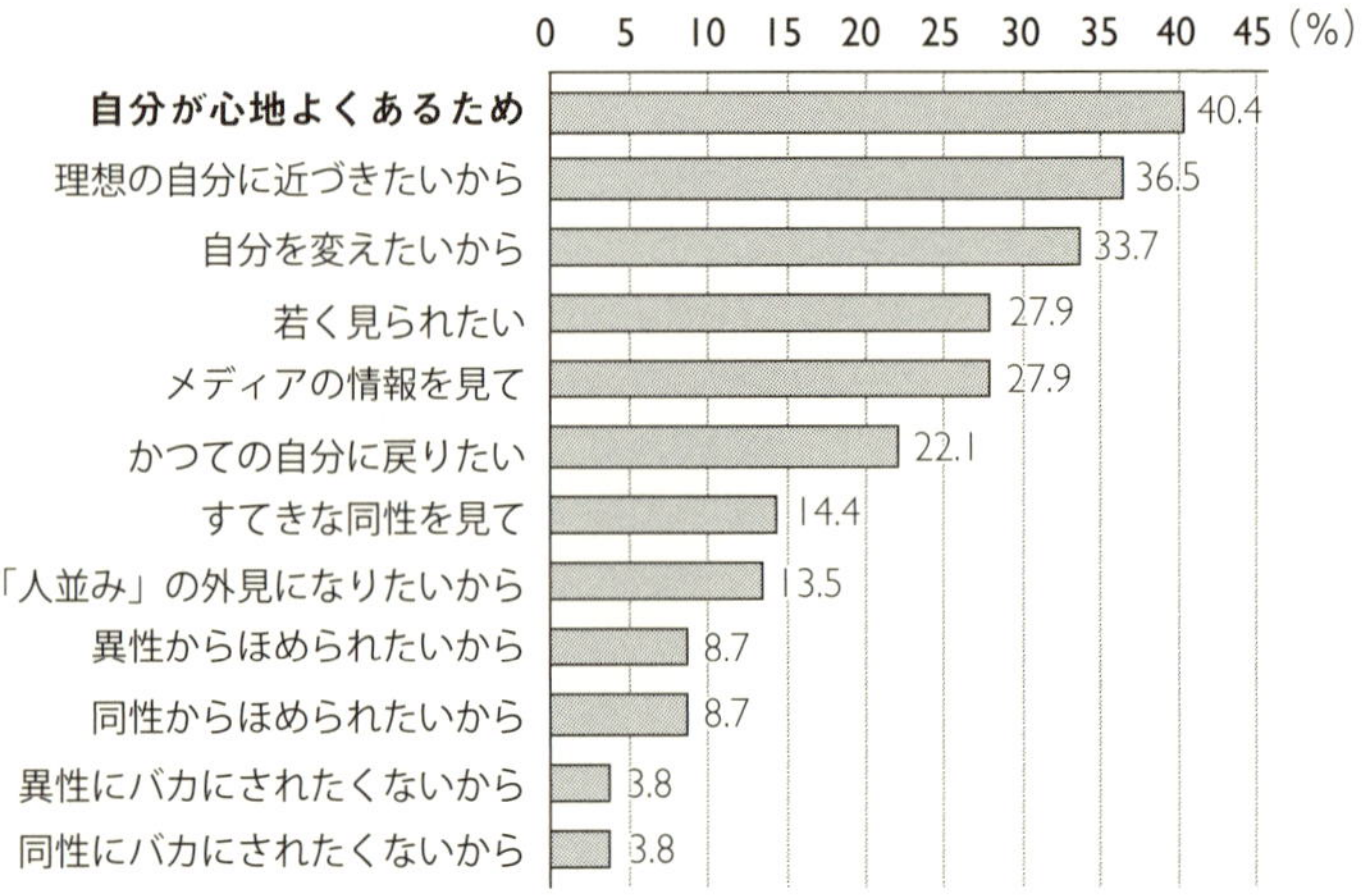

N=104（整形を希望する25〜64歳男女）

図５−２　美容整形を受けたい理由（第２回アンケート）

もう少し詳細に結果を考察していきたい。美容整形をしてみたいと思っているかどうかに関して、「よくある」「時々ある」を「ある」グループに、「ほとんどない」「全くない」を「ない」グループに分け、それぞれのグループがどう違うかを検討していく。

まずは、カイ二乗検定で、両グループの「性別」「年代」「世帯年収」「最終学歴」「既婚・未婚」で差があるかを検討した。その結果は、「性別」において顕著な差が出た（表5−3参照）。男性より女性が美容整形に関心を持っていたことが分かる。だが、その他はいずれにおいても有意差は見られなかった。

次に、性差の影響を避けるため、女性のみで「ある」「ない」グループに分けて同様にカイ二乗検定で分析した。差を見る項目は「年代」「世帯年収」「最終学歴」「既婚・未

表5－3　美容整形を希望する男女差（第2回アンケート）

	美容整形、または美容医療をしてみたいと思ったことがある	
	ある	ない
男性	6.0%	94.0%
女性	20.0%	80.0%

N=800　χ^2検定：1％水準で有意

表5－4　美容整形希望者の身体意識（差が出た項目のみ提示）

	同性に評価されたい	異性に評価されたい	流行に乗り遅れないため	自分が心地よくなるため	若く見られたいから	同性にバカにされないため	異性にバカにされないため
希望する	38.8%	28.7%	10.0%	62.5%	31.3%	8.8%	6.3%
しない	18.4%	9.7%	2.8%	48.1%	14.7%	2.8%	1.9%

N=400（女性のみ）　χ^2検定：5％水準

婚」「外見を整えるのに使う金額の割合」である。その結果は、いずれにおいても有意差は見られなかった。したがって、実は美容整形を希望することを規定する属性は、性別のみということになる。

つまり、美容整形を望む人とそうでない人の間に、年代や収入や学歴による差が見られないということである。ではいったい美容整形を望む人の特徴はどこにあるのか。

そこで、女性のみ「ある」グループと「ない」グループにおいて、「一般的に外見を整える理由」に有意差があるかどうかを同様に分析することで確認した。ここでは有意差が見られ、その結果は**表5－4**の通りとなった（4章の**表4－3**、再掲）。

全体で見ても女性のみで見ても、美容整形を望む人は、そうでない人に比べて「同性に評価されたい」「異性に評価されたい」「流行に乗り遅れないため」「若く見られたいから」（カイ二乗検定：1％水準で有意）、「自分が心地よくなるため」「同性にバカにされないため」「異性にバカにされないため」（カイ二乗検定：5％水準で有意）と答えている。

ここで確認できることの一つ目は、外見を整える理由として、清潔感・身だしなみといった「社会」的配慮は、美容への関心の有無とは関係がないことである。要するに、美容に関心があろうがなかろうが、「この理由を出せばみんなが納得するだろう」と人々が認識する最も「無難な」動機の語彙といえる。

より重要な二つ目のポイントは、「自分が心地よくなるため」という理由の二重性である。「自分」を照準したこの理由は、一般的に外見を整える理由でも高い支持を集めていることから、美容整形に関心のない人も、その語彙を使用すると思われる。しかしながら、実は、美容整形を希望する人の方が、よりその理由を挙げることが表5-4より分かる。つまり、「自分の心地よさ」という語彙は、美容に関心のない人にとっても一般的に外見を整える理由として挙げうる「無難さ」をもちつつも、美容整形を望む人がより使用する語彙となっているのである。したがって、美容整形は、特に「自分が心地よくあるために受けるのだ」と語りうる行為なのである。第1回調査で得られた、美容整形の理由として「自己満足のため」が多かったという結果をふまえても、やはり、美容整形はあくまでも「自分」のために受けるものとして位置づけられるわけである。

とはいえ、三つ目に、「同性・異性に評価されたい・バカにされないため」「流行に乗り遅れないため」「若く見られたいから」といった理由に有意差が見られたことも注目すべきである。美容整形を望む人ほど、「自分」を語りながらも、実際には「他者」の評価を強く意識していることが分かるからである（この時の「他者」とは誰かについては6章で詳述する）。

ゆえに、美容整形を受けたいと考える人は、考えない人に比べて、自分の心地よさを語りつつ、他者の目も気にしていることがうかがえよう。

2-4 実際に美容整形を実践した人の意識

2-3では美容整形を希望する人とそうでない人で分けて検討したが、「受けたい人（＝希望者）」と「実際に受けた人（＝実践者）」との間で身体意識に違いはないのか、という疑問もわくだろう。そこで参考として、美容外科手術を受けた8人（男性2、女性6）、美容医療を受けた28人（男性1、女性27）の傾向を見てみる。

まずは、「希望者」と「実践者」に相関があるかどうかを確認するため、順位相関（Kendallのタウb）を検討した（表5-5参照）。その結果、今後してみたいと思うことは、メスを使った美容整形の経験であれ、レーザーや注射などの美容医療の経験であれ、強い相関が見られた。したがって、「希望者」と「実践者」の両者には連続性があると見てよい。

次に、「希望者」と「実践者」の一般的な身体観が類似しているかどうかも確認したい。表

表５−５　「希望者」と「実践者」の相関

			美容整形、または美容医療を今後してみたいか
Kendall のタウ b	美容外科手術の経験	相関係数	.148**
		有意確率（両側）	.000
		N	800
	美容医療（レーザー、注射、薬の内服など）の経験	相関係数	.351**
		有意確率（両側）	.000
		N	800

**. 相関係数は１％水準で有意（片側）

５−４で「希望者」と「そうではない人」で「一般的に外見を整える理由」の有意差を見たことから、「実践者」と「それ以外の人」で同じ分析を行った。ここでは美容整形を受けた８人（男性２、女性６）、美容医療を受けた28人（男性１、女性27）のデータを、どちらかを受けたことがある人31人（男性３、女性28人）にまとめている。

美容整形を実践した人とそれ以外で大きな差が出たのは、「同性に評価されたい」「異性に評価されたい」「自分が心地よくなるため」である（**表５−６**）。全体のデータでは「同性に評価されたい」（カイ二乗検定：１％水準で有意）と「異性に評価されたい」「自分が心地よくなるため」（カイ二乗検定：５％水準で有意）であり、女性のみのデータでは「同性に評価されたい」「異性に評価されたい」（カイ二乗検定：１％水準で有意）であった。つまり、美容実践者は外見を整える行為を「自分」の心地よさのためにしたいと語りながらも、「他者」の評価も強く意識するという特徴が見られる。これは**表５−４**で見た「希望者」たちの特徴

表5－6 「実践者」と「それ以外の人」の身体意識

	同性に評価されたい	異性に評価されたい	自分が心地よくなるため
受けた	38.7%	32.3%	61.3%
受けない	16.3%	16.0%	38.9%
受けた（女性）	42.9%	32.1%	64.3%
受けない（女性）	21.0%	12.1%	50.0%

上二段がN=800、下二段が女性のみN=400

と、同じであると考えられる。[3]

以上で、「希望者」と「実践者」の間には、かなり共通する身体意識があると推測できる。よって「希望者」を中心に分析しても、「実践者」の意識にかなりの程度まで迫ることが出来るだろう。

2－5 美容整形を求める意識の要因

「美容整形をしてみたい」という意識を規定する要因を探るべく、美容実践を望むかどうかを従属変数とし、「性別」、「年代」、「世帯年収」、「最終学歴」、「既婚・未婚」を独立変数とするロジスティック回帰分析を行った。**表5－7**にあるように有意な結果が出たのは「性別」（1％水準）であり、次いで「年収」であった（5％水準）。

美容実践を望むかどうかの最も大きな要因は性別である。男性より女性の方が美容実践を希望するといえる。美容といえば「女性」が関心を持つことという意識は根強いが、[4] それはデータからも確認できたことになる。

性別の次に影響している世帯年収については、クロス表で確認すると、収入が高ければ高いほど美容実践を望むわけではなかったも

表５−７　美容整形希望の要因（全体）

	B	標準誤差	有意確率	Exp(B)
女性	1.346***	.249	.000	.260
年代	-.132	.107	.217	1.142
結婚	-.095	.249	.703	1.100
年収	.152*	.074	.041	.859
学歴	-.085	.086	.327	1.088
定数	734.248	598.161	.220	.000

N ＝800、Cox-Snell R2 乗：.051、Nagelkerke R2 乗：.095、-2 対数尤度：576.303

のの、収入が低いと美容実践を望む人は減っていた。よって、一定の生活の余裕のあることが、美容実践への願望に影響を与えることが明らかとなった。

だが、しかしそれ以外の年代や学歴、既婚・未婚では、美容への関心に影響を与えていないと考えられる。では、いったい、美容実践を求める意識を規定する要因は何なのだろう。それを見るために、「外見に関わる意識」を独立変数として同じ分析を行った。なお、サンプル全体を対象にした分析と、女性サンプルのみを用いた分析を行っている（表５−８、５−９）。

全体では、「実年齢より若く見えるよう心がけている」「外見の老化を感じている」「同性から魅力的と思われたい」「身体に関する社会の常識は守るべきであると考えない」という四つの意識が、美容実践を望む要因となっている。女性のみでは、「外見の老化を感じている」「身体に関する社会の常識は守るべきであると考えない」ことが美容実践の要因となっている（「社会の常識」とは何かについて、回答者によって

表５－８　美容整形希望の要因（全体）

	B	標準誤差	有意確率	Exp(B)
実年齢より年上に見えるよう心がけている	-0.046	0.189	0.81	0.955
年相応に見えるよう心がけている	0.046	0.154	0.763	1.047
実年齢より若く見えるよう心がけている	-0.471***	0.173	0.006	0.624
外見の老化を感じている	-0.407*	0.17	0.017	0.666
異性から魅力的と思われたい	0.274	0.216	0.205	1.315
同性から魅力的と思われたい	-0.748***	0.257	0.004	0.473
自分の外見は自分の好きなようにして良いと思う	-0.264	0.191	0.167	0.768
外見に関して周囲の人の意見を聞くべき	-0.173	0.168	0.304	0.841
自分の身体は自分のものである	0.228	0.204	0.264	1.256
身体に関する社会の常識は守るべきである	0.65***	0.177	0	1.915

表５－９　美容整形希望の要因（女性のみ）

	B	標準誤差	有意確率	Exp(B)
実年齢より年上に見えるよう心がけている	-0.039	0.235	0.866	1.04
年相応に見えるよう心がけている	-0.063	0.183	0.732	1.065
実年齢より若く見えるよう心がけている	0.457	0.22	0.038	0.633
外見の老化を感じている	0.744***	0.232	0.001	0.475
異性から魅力的と思われたい	0.305	0.257	0.236	0.737
同性から魅力的と思われたい	0.281	0.314	0.371	0.755
自分の外見は自分の好きなようにして良いと思う	0.223	0.236	0.346	0.8
外見に関して周囲の人の意見を聞くべき	0.049	0.191	0.798	0.952
自分の身体は自分のものである	-0.197	0.251	0.431	1.218
身体に関する社会の常識は守るべきである	-0.616***	0.221	0.005	1.852

認識が違っているだろうが、世間一般で守られているだろうと回答者が解釈する常識を軽視する態度は共通している。そのこと自体が重要である）。

したがって、美容実践を望む要因となるのは、まず女性であること、世帯年収が少なすぎないことである。また、身体に関わる意識として、「外見の老化を感じている」と「身体に関する社会の常識を守るべきという考えを持たない」といったことも重要となる。[5]

しかし、「自分の外見は自分の好きなようにして良いと思う」や「自分の身体は自分のものである」という項目があまり寄与していないことも分かった。自らの身体を所有する感覚や、身体を統制できる主体的な意識は、「自分」の心地よさのために行う美容実践の要因となりそうに思えるにもかかわらず、である。美容整形が普及するためには「身体を自己の持ち物」とする認識が必要になると考えられてきた。かつて身体は「神に授けられたもの」「王の所有物」「親からもらったもの」として認識されており、近代以降、「身体は自分の所有物」という認識になって初めて勝手に手を加えてよくなり、整形への障壁が低くなるはずだからだ。その意味でも、身体は自分のものであり好きなようにできる、という項目が影響を与えると予測された。

しかし、所有感や統制感は、美容実践への望みに影響を与えていない。とすれば、次のように考えることができる。美容実践は、そもそも自己アイデンティティの再構築を目指す「主体的な」行為として選択されるわけではない。もっと違うモチベーションで選択され、あくまで結果としてアイデンティティの再構築がなされたのではないか、と。[6]

そして、違うモチベーションとして浮上してくるのが、外見の老化を実感することと、身体に関する社会の常識を守るべきという考えを持たないことである。前者が美容実践に「進もうとする」表のモチベーションとして働き、後者が一部ではネガティブなイメージをもたれている美容実践を「許容する」裏のモチベーションとして働いていると考えられる。

美容整形について、まずは先行研究で、社会的強制力（あるいはイデオロギー）による説明がされていた。次にそれとは一線を画す形で、Davis や Gimlin が新たな視角を与え、美容整形における「主体的に身体を変え、自身のアイデンティティを再構築する」側面を指摘した。だが、筆者の調査では、Davis や Gimlin が指摘したことと、やや違う結果を得ることになった。美容整形は、主体的な行為として選択されるわけではない。なぜこのような結果を得たのか。理由は今のところ二つ考えられる。

一つは、国や当該地の身体文化によって美容実践への評価が違っているので、Davis たちの調査と本書の調査の結果がやや異なってしまうことである。美容整形に対する「評価のレパートリー」（Lamont and Thévenot, 2000）が、当該社会によって違えば、その実践者の説明（理由）は変わるからだ。

もう一つは、正当性の問題である。美容整形を「すでに経験した人」が「理由の説明」をするときには、どうしても、動機の語彙を使わざるを得ない。美容整形をある種正当化できる理由でなければならなくなるからだ（それがDavisたちの主体性の議論へとつながった）。しかし、実際に美容実践に向かうときのモチベーションは、より多様な要素が絡まり合うものであろう。すでに経験した人ではなく「受けてみたい人」における、しかも「受けてみたい理由の説明」ではなく、本論で調べた「（美容と関係ない）一般的に外見に関わる意識」であれば、美容整形への正当性は必要ない。そこでは美容実践を望む人の「普段」の身体意識が表出しうるからである。よって、本論での調査結果は、美容に関心を持つ人々の「事後の説明」ではなく、「普段の身体意識」を浮き彫りにしたものといえる。

少なくともこの調査で明らかになったのは、第一に、美容整形や美容医療を求める一つの大きなモチベーションとして、エイジングの問題があることである。今後は、老化を実感させるものは何かを考えていかねばならない（エイジングに関してのメディア分析は本書の2章と3章を参照）。

第二に、「社会」との関わりかたである。「自分」「他者」「社会」という位相を想定したとき、**2-3**で見たように、美容実践の理由として「自分」や「他者」が重要になる。だが、実際に美容実践に寄与するのは「自分」の身体の所有感や統制感ではなく、「社会」との関連において、社会的常識をやや軽視する態度である。もちろん、それは反社会的行為を行おうとか、社会の常識に抵抗するとかいった意識（＝抵抗の契機）ではない。もっと緩やかな、「世間での常識」にこだわらなくてもいいだろう、といった態度である。

重要なのは、「自分」の心地よさのために行う美容実践の中に、「自己の主体性」が強固にあるわけではないことだ。むしろそれは、社会的常識に対する緩やかな軽視が背景にあることになる。

3 「何気ない日常生活」からの美容整形

3–1 本章の問いへの答え

分かったことをまとめていきたい。まず、美容整形や美容医療を受けたいという直接的な理由は、「自分が心地よくあるため」「理想の自分に近づきたいから」の割合が高い（図5–2参照）。美容整形の理由として、「自分」というタームは重要であることが確認できた。まずは、美容の理由として「自分が心地よくあるため」、「自己満足」が最重要であると考えて良い。

だが、もう少し詳細に分析を進めると、美容整形を望む人ほど「自分」以外の「他者」を意識した理由も現れる（表5–4参照）。他者に評価されるため、あるいはバカにされないために、または若く見られるために、美容整形を行いたいというのである。したがって、美容整形はあくまで「自分の心地よさ」（あるいは自己満足）のために行うのだと語りつつも、その「心地よさ（満足）」とは、「他者による評価」と結びついている可能性がある。つまり、美容整形における「自分の心地よさ」とは、他者評価によって作られる側面があるかもしれないということだ。

他者評価の重視は、実際に美容整形を受けている人たちにも見られる特徴である。したがって、美容整形を「受けたい」と思うだけから、実際に「受ける」という行為に進むにあたり、他者の評価を求める意識が更なる原動力になる可能性もある。この点は次章で考えよう。

次に、美容整形を求める意識の要因を分析した。既存の理論に従えば、影響を与えそうな「自分の身体を好きにできる」という身体への統制感や「自分の身体は自分のものである」という所有感が、美容整形に関係していてもおかしくない。だが、それらはあまり結びついていなかった。つまり、「自分の心地よさのために美容整形を求める」とはいえ、「自分の身体を所有し統制していく主体的な行為」とは違うもののようである。むしろ、美容への関心に影響を与える要素は、「外見の老化を感じること」、「身体に関する社会の常識を守るべきという考えを持たないこと」であった。

冒頭①②の問い（美容整形を望む人々がどのような特徴を持ち、外見を整えることについてどのような認識を持つのか）と、③の問い（自己満足や自己の心地よさのための美容整形が、身体の所有観や主体性と関連するか）について、次のような答えを述べておこう。
①美容を望む人は、どのような人々なのか。
圧倒的に、男性よりも女性である。年代、世帯年収、学歴、既婚・未婚などの属性について際だった特徴は見られない。ただし年収は、美容を望むことを規定する要因にはなっていたの

で、金銭的余裕が美容の希望に影響を与えるとはいえる。

②美容整形を望む人々は、外見を整えることをどのように認識しているのか。

美容整形はそれを希望する人にとってあくまでも第一義的には、「自分の心地よさ」「自己満足」のために行われるものである。それは、一般的に外見を整える理由としても登場する理由だが、希望者においてより強調される。ただし分析を進めると、美容整形を望む人ほど、他者の評価も求める傾向も確認できる。

③身体の所有観や主体性との関連はあるのか。

美容への動機付けは、自分の身体を所有している意識や、好きなように変えられる統制感に影響されるのではない。すなわち、美容整形は自己アイデンティティの再構築を目指すような主体的な行為として意識されるものではない。むしろ、美容整形を望む意識に寄与する項目は、「外見の老化を感じる」と「身体に関する社会の常識を守るべきという考えを持たない」ことである。

3-2　希望者の特徴

①②③を鑑みるに、次のように結論づけることが可能であろう。

身体意識の準拠のあり所を「自分」「他者」「社会」という位相に分析的に分けた場合、美容実践は、第一に「自分」という位相で語られるものである。何より、それは自分の心地よさや自分の満足のためになされるのだ、と。

だが、第二に、その「自分の心地よさ」の背後には「他者」の評価が含まれている。他者に魅力的に思われたいという願いは、美容整形の「理由」としてはあまり挙がってこなくとも、通常身体を整える際に「他者」を意識する特徴を持つ人ほど、美容実践を望む傾向がある。美容整形は、「他者」を意識するという意味では、社会的行為である。

第三に、それにもかかわらず、社会的常識はあまり守らなくてもいいという意識にも規定されており、「社会」の影響が後景に退いている行為でもある。

分析結果から考えられる美容整形とはどのようなものになるだろうか。従来、美容整形は「社会的強制力によるもの」として捉えられてきた。その視角を変える「身体を所有する者の主体的な経験」という捉え方も登場してきた。しかし、そのいずれでもない捉え方が可能なのである。より希望者たちの日常生活に寄り添って考えれば、誰かとのコミュニケーションの中でふとした瞬間に老化を感じる場面があるだろうし、社会に反抗をしてはいないが常識にこだわらなくても良いと思うこともあろう。これらの日常の瞬間が、美容整形への欲望のかけらとなっていく。「社会的強制力のせいで」、「自分自身を作り替えるため」ではない、「何気ない日常生活のあり方を通じて」目指される美容がここに見いだせる。[7]

そして、こういった美容整形を望む「自分」とはどのような自己なのだろうか。女性、かつ世帯年収が一定以上あり、老化を感じる人である。そして、自分／他者／社会の位相で考えた場合、自分を最重視しながら他者の評価は多少気にする一方で、社会についての意識は後退している、そのような「自分」といえるだろう。

［注］

1 もちろん、この主張は、整形実践者が「自分の好きな顔に変える」と言っても「本当の」自由選択ではなくて、結局は社会に普及する女性美の典型にのせられているのだという批判に回収できてしまう。だが、実践者達が語る言葉の重みは大きい。それは彼女達の、単なる自己正当化を超えた実感や思いでもあり、それらこそが他のアクター（Latour（1987, 1999, 2005）におけるアクタントの意味で使用）と相互作用しながら社会を作り出すからである。その意味で、「美容整形などで身体を変え、自己アイデンティティも再構築できる」という主張は、正当なものである。

2 念のため述べておくと、ここでいう理由は、「真」の理由というより「動機の語彙」である。

3 ただし、若干の差異も見られる。「自分の心地よさ」は女性のみのデータでは差が出なかったことから、女性内で「整形実践者」と「その他」での差異は、「他者」評価を求めることに特化されている。

4 美容男子なる言葉がメディアに登場し、男性も美容に関心があるとされる昨今でも、例えば化粧は女性のするものというイメージは強い。化粧は、昭和三年に「女の身だしなみ」であり、「女の礼儀」であり、「婦人が美しくなるためのもの」とされた（三須裕の文章、陶 2007）。そして時を経た「21世紀の社会心理学シリーズ」でも、「女たちは被服や外見を操作することによって、女らしい自分を獲得できると考えてきました。化粧は、そのひとつの方法でした。化粧は、ジェンダーに顕著な特徴を表すシンボルであって、化粧によって女たちは、男たちとは違ったあり方で印象管理を行ってきたのです」（神山 1999）と記され長年に渡って女性のものとイメージされていることが分かる。

5 さらに補足しておきたいのは、全体では規定要因となっている「若く見られるように心がけている」および「同性から魅力的と思われたい」という意識についてである。女性が（美容に関心があろうがなかろうが）、男性よりも「若く見られるように心がけ」、「同性から魅力的と思われたい」と考えている可能性もある。美容実践への欲望が「性別」と関連が深いならば、この二つの意識についても、今後、考察の対象としていく必要があるだろう。

6 実際にアイデンティティが再構築されたかは分からない。少なくとも、実践者からアイデンティティが再構築されたと語られる、ということである。

7 身体意識の調査を行うだけではなくて、同時に、「評価者としての同性（女性）の存在」についても調査すべきである。同性の評価がなぜ重要か、同性の評価はどこで・どのようになされているのかも調べることで、「老化の実感」や「社会の若干の軽視」の背後がさらに見えてくるのではないかと考えられるからだ。考察の一部は、6章で行う。

6章　他者とは誰か——女性同士のネットワーク

4章で、美容整形希望者や実践者が語る「自己満足」について、二つの問題を見出した。一つは「自己満足」を語る際の「自己」とはどんなものか、もう一つは、希望者や実践者が気にする「他者の評価」の「他者」とは誰なのかという問題である。

5章で、自己満足を主張する希望者・実践者が（非希望者・非実践者よりも）、日常的に他者の評価を気にしていることを明らかにしたが、そもそも先行研究において、美容実践は他者を意識してなされるものと前提されており、その知見自体は（一周回って）目新しいものではない。ただし、一口に他者というものの、具体的に誰なのかは、これまで深くは検討されてこなかった。そこで本章では美容整形希望者や実践者が念頭におく「他者」を具体的に明らかにしたい。

また、方法論も新たに設定する。前章で、美容整形は「社会的強制力のせい」でもなく「自分自身を作り替えるため」でもない、「何気ない日常生活のあり方を通じて」目指される、というパースペクティブを示した。したがって、日常生活のコミュニケーションに注目して分析を行いたい。そしてここでも比較分析を行うことにしよう。

1節で、先行研究を概観し、本章の目的を明確にする。2節ではこれまでの方法論を見直し、新たな方法論を提案する。3節ではデータを分析しながら、美容整形希望者・実践者にとって、外見への評価に際し重要な「他者」とは誰かを探っていく。4節で結論を述べたい。

1　先行研究の概観：一般化された他者としての「男性」と「社会」

社会学関連の外見や外見加工をめぐる先行研究を二つに分けて概観する。一つ目に「外見がどのような社会的不平等を生むのかを検討する研究」、二つ目に「外見を変えるよう迫る社会的な抑圧に批判を向ける研究」である。[1]

一つ目の「不平等」に関する研究は、社会心理学で蓄積がある。[2] 古くはE. Walster（1966）らが対人魅力の実験を行って、「外見が良い人の方が社会的に有利である」ことを発見している。大学生の男女に、外見の良さが異なる男女の写真を提示し性格や社会的成功を予測させたところ、外見の良い男女がすべてにおいて好ましい評価を与えられたという。その後、他の学者がさまざまな追試実験を行ったが、おおむね結果は同じものであった。

本論にとって重要なのは、I. A. Greenlees とW. C. McGrew（1994）によって、対人魅力には性差があることが明らかにされていることだ。端的にいえば、男性は女性に外見的魅力を求め、女性は男性に経済的条件を求めているというのである。同様にN. A. RuddとS. J. Lennon（1999=2004 : 172-176）も「男性は女性に身体的魅力があることを非常に好ましいことと考える」という知見から、外見の魅力が「女性にとって他者への社会的勢力ないし社会的影響力の第一の源泉」であって、女性たちの美容実践は「外見が生み出すいくらかの報酬を手に入れることを目的として」なされていると指摘している（傍点は筆者による）。したがって、社会心理学において美容実践とは、「男性に対する影響力」ないし、もう少し幅広い「社会に対する影響力」という報酬を求めて、女性たちが行うこととして前提されているのである。

二つ目の「外見を変えるよう迫る社会的抑圧に批判を向ける研究」は、社会学に多くの蓄積がある。[3]理論的な研究が多いが、美容整形経験者へのインタビューを行ったものもある。

これらの議論の多くは、私たちの身体がジェンダーによって形作られていると捉え（Fraser, 2003など）、「美しさが女性にとっては義務として課せられていること」（井上1992 : 70）が問題であると指摘する。また、美容整形の際に目指される外見とは「伝統的なジェンダー要素を残す」（Balsamo, 1996）ものであって、真に自由なものではないことも看破している。したがって、美容整形は「社会によって構築された美の基準に合わせる行為」として捉えられることになる（例外的に美容にまつわる実践を「女性たちの主体化の契機」と捉える場合もある）[4]。ゆえに議論の中心は、「外見上の平均的美の基準を押しつける文化構造とそこから生み出された一律な価値観」（笠原1998 : 186）を鋭く批判することにある。これらの批判は正しく社会的な意義も大きい。ただし、美容実践が男性または社会から押しつけられた行為として捉えていることから、やはり他者は「男性」や「社会」が前提されているといえる。

以上から先行研究の共通点が分かる。美容整形が「異性や社会の評価」と直結して捉えられていること、[5]「他者」として「男性」ないし「社会」が措定されていることである。[6]このように大まかに措定された他者は、G. H. Mead 流の「一般化された他者」と言い換えることができるかもしれない。周知のように Mead の議論によれば、私たちは自己を形成するときに、他者からの役割期待を取り込むが、その期待は一般化された期待となり、社会の総体的な規範にまで上りつめることになる。

だからといって、美容整形の実践者たちが取り込むのは、こうした一般化された他者の期待（=社会の目）だけではないはずである。というのも、私たちの外見加工への契機は、実際の日常生活において目に見えている「誰か」によって促されているからだ。ゆえに、外見をめぐる問題を検討するに当たって、美容実践者が参考にする具体的な人間が誰なのかを検討していく必要があると思われる。

2　方法論の問題：コミュニケーションへの注目

さらに、先行研究の検討からは、方法論に対して一つの疑義が生じる。それは、先行研究も含め、私たちは外見を加工する契機の複合性を見落としていないかという疑義である。「劣等感克服のため」や「異性に対するアピールのため」も、一見それらとは異なる「自己満足のため」も、いずれにせよ当事者や周囲が語る「動機の語彙」である。

しかし、外見加工の契機は、こういった動機を含みながら、日常の振る舞いの中に埋め込まれている。いいかえると、語られる動機と併存しながらも、他者とのコミュニケーションの中で生じてくるのである。

したがって、外見加工の契機を探るには「埋め込まれた部分」を、いわゆる「動機」とは違う角度から掘り起こしていく必要があるだろう。いわば、振る舞いやコミュニケーションという位相から、契機となる部分を析出しなければならないのである。よって、美容整形実践者たちが直接に動機として語る言葉以外の、周囲とのコミュニケーションという側面に注目していくことにしたい。具体的には、外見に対するアドバイスをする相手やアドバイスされる相手、そしてアドバイス通りにする相手を調査していくことにしよう。

なお、5章と同様に比較分析を行う。美容整形を希望する人／しない人、実践する人／しない人で、社会的属性や意識がどう違うかを分析して初めて、美容整形と結びつく「何ものか」が明確になるという観点からである[7]。同時に実践者たちへのインタビューを行い、彼女たちの生の言葉にも寄り添う。

まとめると、本章は「他者」を男性や社会といった一般化されたものとして前提せず、より

「具体的な人間」として浮かび上がらせることを目指す。そして、実践者たちが「直接的に」語る動機とは異なる位相からアプローチし、日常的なコミュニケーションから、実践者たちが誰を準拠して外見を整えているのかを明らかにする。その際には比較分析とインタビューを用いたい。

3 分析：他者とはだれか

3-1 外見に関与する女性たち

上記の点を明らかにすべく、2013年に行った20～60代男女2060名に対する調査をもとに、「外見に対するアドバイスをする相手」「される相手」「アドバイス通りにした相手」を見ていく。ここでは特に「アドバイス通りにした相手」を、外見に関する他者評価のうち重要と思われている人物であるととらえることにした[8]。

まずは全体的な傾向を確認しておこう。アドバイスをよくする・時々される人の割合、アドバイスよくされる・ときどきされる人の割合・そしてアドバイス通りにしたことのある人の割合を表6-1に示している。なお、該当する人物のいない場合は省いた割合である。多くの人にとって、恋人または配偶者が重要な他者となっていると分かる。そして、家族の中では母親、娘、姉ないし妹が重要なのである。

表6－1　外見へのアドバイスする・されるの割合（%）
（第3回アンケート）

	アドバイスする	アドバイスされる	アドバイス有効
父親	12.5	7	23.3
母親	24.5	27.3	**51.3**
息子	19.1	7.5	28.2
娘	19.6	16.3	**55.3**
兄弟	7.7	5.2	15.9
姉妹	12.3	15.3	**45.2**
恋人・配偶者	42.4	37.7	**71.1**
同性友人	16.7	16.7	32.3
異性友人	8	8	17.5
専門家	1.8	10.9	36.7

N=2000（20～69歳男女）

次に、より詳細に検討するため、回答者本人の性／年代／学歴／収入／外見への自信の差により、アドバイスする／される／アドバイス通りにしたことがある人物に違いがでるかを分析した。本調査データは無作為標本を用いたものではないが、差の大きさを判断するためにカイ二乗検定を行い参考とすることにした。年代、性、学歴、収入、外見への自信で差が見られた。特に大きな差が見られた性別に注目しよう[9]。

回答者の性別でアドバイスする人物に差があったものは、女性は男性よりも、父親、母親、息子、娘、兄弟、姉妹、恋人・配偶者、同性友人に対してアドバイスをしていた。男性が女性よりアドバイスする人物はいなかった。明らかに、女性は男性に比べて外見に「口を出す」傾向がある。

表6－2　アドバイスが有効な人物・男女差（％）（第3回アンケート）

	父	母	息子	娘	兄弟	姉妹	恋人・配偶者	同性友人	異性友人	専門家
男性	5.1	18.5	4.4	9.4	4.3	5.8	55.5	9.2	7.6	5.8
女性	5.5	33.2	8.5	23.4	2.6	22.3	39.0	23.9	4.5	15.5

N=2000（20～29歳男女）

逆に、アドバイスされる場合は、女性は、母親、息子、娘、姉妹、同性友人であり、男性は恋人・配偶者にされる傾向がみられた。つまり女性は、同性家族と同性友人から外見についてアドバイスされるが、男性は女性である恋人・配偶者にアドバイスされていたのである。

そして、アドバイスの有効な人物の男女差は表6－2のようになる（アミカケの箇所が、カイ二乗検定、5％水準で有意）。アドバイス通りしたことのある人物（外見にとって重要な他者）は、女性の場合、母、息子、娘、姉妹、同性友人、専門家であり、男性の場合は、恋人・配偶者であった（10％基準では異性（女性）友人にも差異があることになる）。つまり、女性は女性のアドバイスを重視し、男性は女性のアドバイスを重視する傾向があるのが確認できる。

つまり一方で、女性は外見を（男性、社会）から評価される存在であるかもしれないが、他方では、他者の外見に関与し、外見に関する審判者として振る舞う存在でもあるのだ。いいかえると、人々が外見に関して準拠する（参照する）対象は女性なのである。

表６－３　アドバイスが有効な人物・整形の希望と経験の有無（％）（第３回アンケート）

	父	母	息子	娘	兄弟	姉妹	恋人・配偶者	同性友人	異性友人	専門家
希望あり	7.2	38.5	8.0	17.7	5.0	18.7	43.3	23.1	10.0	15.2
なし	4.8	23.6	6.2	16.6	2.9	13.4	47.7	15.2	4.8	9.2
経験あり	6.0	34.0	9.0	19.0	4.0	23.0	41.0	29.0	10.0	15.2
なし	5.3	25.8	6.4	16.7	3.4	14.1	47.0	16.3	4.8	9.7

N=2000（20～69歳男女）

３－２　女性同士のコミュニケーションの重要性

さらに、本論にとって最も重要な区別である、「美容整形を希望する人・経験した人」と「希望しない人・未経験の人」を分けて、外見に関するアドバイスを重視する他者に差があるのかを検討した（表６－３参照、網掛け部分がカイ二乗検定、５％水準で有意）。

美容整形を希望する人はしない人よりも、母、姉妹、同性友人、異性友人、専門家の意見を取り入れていた。美容整形を経験している人は、母、同性友人、専門家のアドバイスを取り入れる傾向が強かった。専門家には美容外科医などが予測されるので、日常的な生活の中では、「女性の家族」と「友人」の意見が特に重要視されると分かる。

また、美容整形を希望したり実践したりするのは、男性より女性に多い。男性で美容整形を希望するのは11％、女性は30・9％、実践した人は男性で１・７％、女性で８・６％である。そこで、性別による影響を排除するために、データを女性のみに限定して同様の差を調べた。それでもやはり、希望者は母、同性（すなわち女性）友人の、実践者は同性友人と異性友人のアドバイスを受け入れていた。

したがって、外見へ影響を与える人物のうち、美容整形を志向する人としない人で差があるのは「同性友人」といっていい。次いで「母」や「姉妹」の影響力が強い。3-1で見たように「外見に関与するのは女性」という事実を鑑みれば、〈女性を中心とするネットワーク〉が重要であると言い換えることもできる。

アンケートから明らかになったこの傾向は、実はインタビューにも現れているのである。例えば20代女性Dさんは、自分が二重まぶたの手術をする前に、同性友達が二重まぶたにした逸話を以下のように語っている。

Dさん「（友人が）3日ぐらい学校、来ないなと思って。来たら目がめっちゃ腫れてて。私は仲がよかったので『どうしたの』って聞いたら、『実はね』って教えてくれたんですけど。〔中略〕その子もそれでかわいくなったので、私の中で別にそんなに整形に対する悪いイメージとかはなかったので、自分もやりたいなという気持ちは強くなったのかもしれない」

Dさんにとって友人の体験が自分の決意を後押しする一つの要因となっている。同様の体験は50代女性Cさんにもみられる。Cさんは二重まぶたにする手術を受けているが、友達が先に二重まぶたにして見せてくれた経験をもつ。

Cさん「友達が嬉しいから見せにきてくれたわけ。『Cちゃん！』って言って来たときに、最初は何が違っているのかよく分からなかったんです。だけど彼女の顔は明るくなっているし、本人自体も明るいんです。それで『何か今日すごいスカっとしてて、いいねぇ。どうしたの？』って聞いたら、『ここ、ここ、ここ！』って目を指して言ったんで『あ、二重になってる！』って（笑）」

また、20代女性Eさんは、母と妹に勧められて二重まぶたの手術を受けている。Cさんの表現を使えば、妹が手術をするから「一緒に」手術をしようと思ったのだという。

Eさん「妹も（手術）するから一緒にという（笑）。〔中略〕1人だったらたぶんしてなかったと思う。1人だと勇気は出なかったと思う。妹が一緒だったというのと、お母さんの強い推し（笑）」

また60代女性Hさんも娘の影響でシミ取りとシワ取りを行うに至った。母と娘で病院に通ったという。ちなみにHさんの夫は蚊帳の外におかれ、病院通いは知らされてなかった。

Hさん「（娘が）いつも火曜日になったら（家に）いないから『どこに行っているの？』と聞いたら、『美容外科に行っている』と言って。『いやあ、私がそこに行きたくてしょうがなかったのに、何で誘わないの』と言ったら、『私の結果を見てから』って。それで（娘のシミが）取れたものだから誘ってくれた。［中略］『あんた、きれいになっているやん』と言って、『次、火曜日に行くけど行く？』と聞くから、『じゃあ、行く、行く、行く！』と言ったんです」

筆　者「旦那さんは、Hさんが美容外科に行くことを、どういう風におっしゃっているんですか」

Hさん「一切言っていません」

筆　者「旦那さんに言っていない？」

Hさん「言ってないね。そういう話はしない。関心がないから、あの人は」

30代女性のIさんは二重まぶた手術を受けた。Iさんは母親の影響と、間接的に母親の友達の影響を受けているという。

筆　者「どうやって病院を見つけましたか？」

Iさん「母に連れられて（笑）」

筆　者「お母さんも美容整形をされているんですか？」

Iさん「いいえ、母はやってないんです。やってないんですけども、母の周りの友達がかなりやっていて。私が『やりたい』って言っていたのを知って」

筆　者「お母さんのお友達のご紹介？」

Iさん「そういう感じです」

筆　者「お母さんは『美容整形やってもいいよ』とおっしゃってましたか？」

Iさん「いや、最初はやっぱり家族みんなが反対だったんですけれども。でも、母も、周りからの影響なのか、周りが（美容整形を）やってるから、なんか私が『やりたいなあ』って言っていたら、『うまい病院があるらしいよ』って教えてくれて。『じゃあ相談でも行ってみる？』って、行って。相談のついでにその場で（二重まぶた手術を）やりました（笑）」

Iさんの母親は当初、娘の二重まぶた手術に賛成していなかったが、母親自身の友達が美容整形を経験していたこともあり、最終的にはIさんを病院に連れて行くに至っている。ちなみに、Iさんの父親は整形に反対し、兄はその事実を知らなかったという。Iさんと母親、そして母親と母親の友達という、女性同士のつながりを通じて、美容整形が後押しされていることがわかる。

また、30代女性Jさんは、30歳に入ってすぐ二重まぶたの手術を受けているが、そもそも美容整形を初めて経験したのは、20代の終わりに、えらボトックス（えらにボトックス注射を打ち顔の輪郭をスッキリさせる施術）を2回受けたことである。Jさんには二人の妹がいるのだが、先に一人の妹がえらボトックスを受けていた。Jさんは、その妹の勧めがあって施術を受ける気になったという。Jさんの場合、もう一人の妹も母親も、先にボトックスを打っていた妹の影響を受けて、美容整形を受けるに至っている。

筆　者「妹さんが受けた後、なぜJさんが受けることになったのですか？」

Jさん「妹は自分が受けた後に、私の顔を見るたびに、『ちょっとここ（えら）が張ってるよ』とか『こうしたほうがいいよ』とか『（えらボトックスを）ほんとやったらいいと思うよ！』とずっと言ってくれて（笑）。最初はやる気なかったんですけど、言われるとだんだん『あ、やったほうがいいのかな』と思って、やることになりました」

筆　者「妹さんは、自分のえらが凹んだら、お姉さんのえらが気になった？」

Jさん「妹はやった後、『お姉ちゃんのココ（えら）が気になる、ずっと見てしまう』と言ってました」

筆　者「妹さん、お二人いましたよね」

Jさん「もう一人の妹もつられて、（えらボトックスを）やりました（笑）。その後、私がやったっていう感じです。」

筆　者「じゃあ、一人の妹さんが先にして、もう一人の妹さんがして、その後、Jさんが……」

Jさん「最後には、お母さんが眉間のシワをやったっていう（笑）」

筆　者「お母さんには誰が勧めたのですか？」

Jさん「一番下の妹ですね。ボトックスは危なくないとか、大丈夫だよとか言って。（母は）じゃあやろうかなって」

インタビューから、インフォーマントの多くが、同性友人や女性の家族の影響をうけ美容整形を行ったと分かる。重要なことは、美容整形への契機が生じたとき、「男性や社会へのアピール」という意識が希薄なことである。むしろ、くったくない家族同士の会話や友人とのコミュニケーションの中で契機が生まれていることである。

これを極端にあらわす事例に、病院での待合室での会話という事例もある。50代女性Gさんは、耳鼻科と皮膚科を併設している病院にアレルギー治療で通っていた。その病院内で同世代である女性たちのうわさ話から美容情報を手にして、シミ取りをレーザーで行うことに決めたのだという。

Gさん「（私は）耳鼻科に行っていて。皮膚科のいいお医者さんが、今、そういうの（＝美容皮膚科）をやっているというのは、待合室のときに聞こえていたんですよ。だから、そういうのを開設したんだなと思っていて。〔中略〕何かうわさ話を聞いていて」

筆　者「待合室で？」

Gさん「そう、待合のおばさんのおしゃべりを聞いているから、『え、何々？』という感じで入っていった」

また、医者のインタビューでも、同様の話が聞かれた。

筆　者「（クライアントは）自分で鏡を見て、ここにシミがあるわとか、ここにシワがあるわとか思って来られますか？」

L医師「そうだと思いますね。それとあともう一つは、よその人がやってきれいになった、だから私もやってほしい、それが多いね」

筆　者「よその人がやって？」

L医師「最近、急にきれいになったとか、シミが取れたとか、ほくろがなくなったとか、ちょっときれいになったと。だから私もやってほしいなと」

筆　者「その人って同世代の方ですか？」

L医師「そうですね、同世代ですね」

アンケートとインタビューから次のことが浮き彫りになってくる。一つには美容整形実践者・希望者が重視する「他者」は、女性の家族であり友人たちであることだ。身近な同性なのである。そしてもう一つには、美容整形実践を生む契機が、「普通（人並み）になりたい」「人よりキレイになりたい」といった動機に基づくというより、日常的な（特に同性同士の）何気ない会話やコミュニケーションに基づいて生み出されていることである。全てのケースではないにせよ、身近な女性とのコミュニケーションを通じて美容整形が促進されていることが分かる。

ただし1990年代以降に顕著となった技術的発展による美容整形の普及には留意しておきたい。本書では（4章の注1で示したように）美容整形に関する歴史的経緯はあえて捨象してきたが、**3-2**で描き出した女性同士のコミュニケーションは、それらと無関係とはいえない。メスを入れる大掛かりな美容外科手術と違って、美容医療（かつてはプチ整形とも呼ばれたレーザーなど使った施術）は勧めやすい可能性があるからだ。だが、技術的発展と普及によって、美容整形に関わる女性同士のコミュニケーションが新たに生じたとは考えていない。これまでも、化粧品やファッションに関していえば、外見について準拠する他者は、異性や社会ではなく身近な同性であって、彼女たちとのコミュニケーションがそれらの使用に影響を与えていたと推測できる。実は美容整形のような先鋭的な身体実践でも同じであったが、技術的発展と普及によって「近しい同性」を準拠する側面が更に増大したと捉えている。

4　結論：女性たちのネットワークという地平

4-1　つながりと抑圧

すでに述べたように、先行研究は美容整形のような外見に対する実践の理由として「他者へのアピール」を前提し、そこでの他者とは「異性」や、より抽象化された「社会」が暗黙裏に想定されていた。いわば個人を超えた目には見えない「一般化された他者」が想定されていたともいえるだろう。むろん一般化された他者（社会規範）に私たちが縛られているのは、事実である。

とはいえ、外見について準拠する「具体的な他者」は見落とされてきたともいえる。美容整形を希望・実践する人々は、生活世界の中で身近な人とコミュニケーションをとり、その中で〈一般化されていない〉具体的な「誰か」によって、ある行為へと背中を押されることがある。その「誰か」は誰でもいいわけではない。

以上のような問題意識から、本章では母、姉妹、同性友人が「誰か」であることをつきとめたのである。美容整形を希望し実践するのは女性が多いことを踏まえるなら、〈女性同士のネットワーク〉が重要であるともいえよう。一般化された存在でも抽象化された存在でもない

「身近にいる同性」とのコミュニケーションの中に、外見を変える「地平」が成立しているのである。[10]

しかも、その地平において、彼女たちの「つながり」がより強くなる可能性がある。例えば前述のDさんは友人たちが外見を加工しないことを「もったいない」と感じ、自分が「下を向いていた」経験から、彼女たちにアドバイスをするという。またCさんも整形をするかどうか悩んでいる友人に積極的に声をかけ、美容整形をともに実践することで、お互いにつながりを感じ、双方が喜び合うことができたという。

Dさん「もったいないなというのをいつも思うんですよ。何かもうちょっとああしたら、もっとこの人はきれいに見えるのにな、とか。たぶん自分が下向いてた経験があるからなのかもしれないですけど。もったいないなという感じはすごく。［中略］友達の場合やったら普通に言います」

Cさん「（友人は）自分ひとりでは決心できなかったって。『二重にしたいなあ』って言うから、『したらいいやん。簡単よ』っていう話をして。『ついてきてくれる？』って言うので、『いいよー、ついてってあげるよー』って。（友人は）『すごい不安やったけど、（Cさんに）押されて、押されて、（整形）して良かった！』って言ってる」

母親と仲が良いと語るEさんは母親と一緒に服を買いに行き、お互い似ているセンスを持っているると感じるという。彼女の二重まぶたの手術は、夏休みに実家に戻った時に母親からプレゼントされたものだった。Eさんは「私、誕生日が夏なんですけど、今日誕生日プレゼントをしてあげるからみたいな感じで」と笑った。

彼女たちのつながりは、美容整形を通じて、肯定的な紐帯として認識される。そこでは相手を思う気持ちや喜び、愛情が語られる。3章において、先行研究では「美の呪縛は女性同士を競合させる」と捉えられていることを紹介したが、女性はいつも美を通じて「競争させられる」だけではない。女性同士のつながりを通じて、美は、互いに達成され、分かち合う「資源」となってもいるのである。

もちろん、女性同士のコミュニケーションという地平の中には、網の目のような形で発動する社会的な圧力も存在することを忘れてはならない。どのような契機で加工を試みようと、目指すべき外見の基準は（自由なものではなく）社会によって構築された一律な価値観にしたがっている。例えば、美容整形で目指されるのは、一重まぶたではなくて二重まぶたに限られるように。筆者の調査では、二重まぶた手術を受けた経験者たちの多くが「アイメイクが楽しくなった」と語った。アイメイクの楽しみや喜びの語りの裏には、アイシャドウという商品が要求する身体像があり、その身体像に合わせざるを得ない社会的な強制力があることは否定できない。したがって、つながり自体は、彼女たちにとって肯定的なものであり喜びを伴うものであっても、社会的抑圧と全く無縁というわけにはいかないであろう。
ともあれ、外見を変える契機は、家族との日常的な会話や、友達による美容経験や、待合室でのうわさ話といった何気ない生活世界の中に――つまりは女性たちのネットワークという地平の中に――埋め込まれていると分かった。その地平とは、女性たちがつながっていく「ポテンシャル」と、美の基準を押しつける「社会的抑圧」の双方がせめぎ合う場でもあるだろう。

4-2 相互作用としての美容整形

これまで身体（外見）加工の議論は、ともすれば「個人」による「動機」の議論か、もしくは「社会」による「抑圧」[11]の議論が中心となってきた。つまり、加工の原因を、個人内部に求めたり、社会に求めたりしてきたということである。個人が語る「劣等感克服のため」も「異性に対するアピールのため」も「自己満足のため」も、当事者や周囲が語る動機であって、契機のすべてではない。また、研究者の立場から指摘する、社会による影響（強制や抑圧）も契機の全てではない。

私たちの日常生活は、個人と社会が独立して存在するのでも、個人と社会が直結して存在するのでもない。「私という個人」と「あなたという個人」が、ゆるやかにつながったり切断したりしながら相互作用し、徐々に大きな「組織」へと連なり、「社会」と呼ばれる総体を成していく。

以上のように捉えると、身体をめぐる議論は、「個人」や「社会」に焦点を当てるだけでは不十分であり、その間にある「相互作用」を見ていく必要があるのではないだろうか。美容整形の契機を、個人や社会に収斂させず、他者とのコミュニケーションの中に見いだすことが可能ではないか。本書に意義があるとすれば、身体論の中に、これまで見落とされがちだったパースペクティブを提示したことにある。すなわち、身体を個人と社会の間にある「相互作用」すなわちコミュニケーションの問題として俎上にあげようとしたところである。身体（外見）は個人の所有物であり、社会による構築物でもあるが、人と人の間で生成する現象でもあるのだ。[12]

［注］

1 その他に、美容整形とメディアの関係も重要である。メディアとの関係を扱った研究として、本書第Ⅰ部、D.,A.,Sullivan（2004）や谷本（2013a、2013b）など参照。

2 「外見と社会的不平等」について、社会学の立場からの研究に小林・谷本（2015b）、文化人類学の立場から川添裕子（2013）の議論がある。直接的な美容整形研究ではないが、外見に対する社会的抑圧を明らかにした石井政之（2003）の議論も重要な文献である。

3 海外では、A. Balsamo（1992）、S. Bordo（2003）、S. Fraser（2003）、K. Davis（2003）、D. Gimlin（2007）、R. Parker（2009）、R. Holliday（2013）らが研究を行っているし、国内でもジェンダー論を牽引してきた論者たち、たとえば宮淑子（1991）、荻野美穂（1996）、笠原美智子（1998）、井上輝子（1992）、西倉実季（2001）らが研

究を行ってきた。

4　ギムリンやデービスは美容実践をそのように捉えている。バルサモも美容整形が単に女性が受け身な犠牲者となる場所「以上」のものであると指摘している。

5　谷本（2015）は外見を「資本」と捉える視点も議論している。外見＝資本という視点に立てば、美容整形は「卓越化戦略」や、あるいは「社会的地位維持戦略」として捉えることができるだろう。なお「エロティック・キャピタル」という概念がキャサリン・ハキム（Hakim, 2011=2012）によって提唱されているが、これは「外見の魅力」だけではなく、社交スキルや自己演出力を含む「対人的な魅力」も合わせた資本のことである。

6　美容整形に限らず、「外見を加工する目的」の一つとして「他者（特に異性）へアピール」は、ごく一般的に挙げられる。4章でも取り上げた蔵琢也（1993）、村松太郎（2004）、**J. A. Black**（1975=1985）参照。中でも特に、美容整形は、異性に対する魅力を増すための行為として前提されてきた（劣等感克服説と並んで異性へのアピール説があった）。そして美容整形は主として女性がするものとしてイメージされ、実際にも女性の方が多く希望し実践する（データは谷本2012）ことから、異性として「男性」が前提とされることになる。

7　「社会的属性」に関する研究とは、どういった社会的属性と美容整形実践が関連するのか、について考えるものだ。この種の研究はまだ数が少ないが、本書5章がそれにあたる。なお、他の「外見と社会的属性」についての研究に栗田宣義（2016）もあげられる。「外見に劣等感を持つ者の方が美容整形を希望する」という一般的イメージに反し、「外見に自信のある（外見の良いとみなされる）ものが美容整形を希望する」という知見は、谷本と栗田で一致している。

8　もちろん、外見への評価を参考にする人物として、他の項目を立てることも可能であるが、まずは「アドバイス通りにした人」を選ぶことにした。

9　年代差に関する論考は谷本（2017）参照。他項目の差に関しては今後著す予定。

10 「なぜ美容整形への契機に女性同士のコミュニケーションが重要になるのか」という、新たな問いが生じるかもしれない。しかし、この問いよりも逆さまの問いが重要であると考える。つまり、「もともと女性同士のコミュニケーションが重要であった」のに、「異性の評価を気にして」「社会（＝男性）に押し付けられて」という言説が幅を利かせていたのがなぜか、を問うべきだろう。この論点については今後の課題とする。

11 場合によっては社会的抑圧からの「解放」としても語られてきた。美容整形を「女性の主体化」として捉えた議論のように。

12 これまでの研究が「異性のまなざし」を前提にしている点を鑑みて、本書はあえて同性（女性）同士のネットワークの重要性を強調した。とはいえ、やはり異性のまなざしの重要性についても検討する必要はあるだろう。特に3節で明らかにした、女性の美容整形実践者にとって、恋人や配偶者ではなく異性の「友人」の評価が重要である点が興味深く、今後の研究課題としたい。

第Ⅲ部　美容整形を施す人々の論理

7章　医師とクライアント

前述した通り美容整形は標榜科目ではないが、第Ⅲ部でも美容整形というタームを使用する。一般的には、整形外科、形成外科、美容外科と名称を混同して認識されている場合があるが、整形外科は骨、関節、筋肉、神経など運動器の機能改善を目指すものであり、骨折や捻挫、ヘルニアなどの治療を行うところである。そして、形成外科は、先天的・後天的（病気や怪我による）な身体外表面の変形や傷や欠損に対する改善・再建手術を行うところであり、美容外科は身体を美容目的で加工するところで、それぞれ区別されている。

さて、本書は第Ⅱ部において美容医療を実践する人々（主に女性）の「意識」と「コミュニケーション」に焦点を当てている。筆者自身の関心が「彼女たちがなぜ美容整形を受けるのか」「美容整形を受けるのはどういった人なのか」にあるからである。

一方で、医師と彼女たちの関係、医師たちはクライアントの意識をどのように捉えているのかについては、まだ明らかになっていない。先行研究においても医師たちの認識についての調査はあまり進んでいないといえよう。そこで医師たちへのインタビューや医師側の状況の把握をすることで、その端緒としたい。[1]

医師
→
クライアント（患者）

図7－1
医師とクライアントのモデル図

これまで医師―クライアント関係はやや一方的なものとして想定されがちであった。その関係は、医師の方が権力・権威・パワーをもつ関係として想定されていると言って良いだろう。しかし、本当に単純に医師が上位の権力関係があるのだろうか。

1　なぜ（why）よりもどう（how）――専門分化した職人

筆者は「彼女たちがなぜ美容整形を受けるのか」「美容整形を受けるのはどういった人なのか」に関心があったので、医師たちに「彼女たちがなぜ美容整形を受けると思うか」という質問を投げかけてきた。しかし、十分な答えは得られず、せいぜい「気になるからでしょ」「変えたいのは当然」と回答されるのが常であった。

なぜ医師たちは、彼女たちの美容整形を受ける「理由」に関心をもっていなかったのか。それは医師たちが「どう」変えるかに関心をもっていたからである。例えば、K医師はストレートに「動機は関係ない」「どう変えたいかがはっきりしていることが大事」と語ってくれている。

筆　者「彼女たちはどういう理由で外貌を変えたいと訴えますか」

K医師「どういう理由で？　やっぱり自分がその部分に対して引け目に感じているということですね」

筆　者「動機はお聞きにならないんですか」

K医師「聞かないです。聞かないというか、勝手にしゃべる人はいますけど（笑）。動機は関係ないので。要は結局、その人のリクエストがしっかりしているか、具体的か、ですよね」

［中略］

筆　者「『変えたい理由』は関係がなくて、『どう変えたいか』がはっきりしているということですか」

K医師「どう変えたいかがはっきりしていることが大事ですよね」

筆　者「why ではなくて how ということですか」

K医師「ですね。例えば、自分の鼻のここがこれだけ足りないと。こっち向きに（と言いながら鼻を高くする仕草）足りないということが明確で、要するに理解できているかどうか。漠然と、お任せできれいにしてくださいとかではなくて」

また0医師も動機については聞かないと語っている。クライアントの悩む現象（シワなど）がなくなれば、悩み自体が解消するからだという。「どういう思いをしているか」については「踏み込んで聞かない」ことにしているそうである。

筆　者「動機を語る人よりも、語らない人の方が多いですか」

0医師「どうだろう。そうですね、そのシワがいつごろから気になり始めたかとかということは聞きます。例えばほうれい線が気になると言ってきた人で、右だけがすごくほうれい線が深いというのを気にしていたりするときは、だいたい右側で噛んでないかとか、寝るときに右側を下にしてないかとかね、そういうヒストリー的なことは聞くので、まったく何も語らず、ここだけ治したいと言う人は、結果としてまずほとんどいないと思います」

筆　者「生活習慣に関してはお聞きになる。内面的なこと、例えばシワがあることでどんな風に嫌だったかなどは聞かれませんか」

0医師「そこに関しては、たまにはそういうことを、訥々《とつとつ》と語られる方もいますけど、そこまでは踏み込んで聞かないですね」

筆　者「内面的なことを聞いても、治療に役立たないということですか」

O医師「そうですね。結局その治療をすることによって、そのシワがなくなれば解決すること
なのかなって思うので」
筆　者「シワがなくなれば？」
O医師「それが嫌なんだという思い自体が、なくなるわけじゃないですか」
筆　者「なるほど。クライアントの動機や思いより、どうしたいかを中心に聞くことが重要なところですか」
O医師「そうです。『どこが気になって、どういう風にしたいか』とかそういうことは聞きますね。『どういう思いをしているか』というのは、聞いてもその思いに対しては答えられない。けど、シワが原因なんだったら、シワを治すことはできるし、シミが原因だったらそれを取り除くことはできる。私は精神科ではないし、カウンセラーでもないので、そのこと（どういう思いをしているか）に対しての答えは出せないと思うんですよ。だからどっちかというと、思いよりも、どういうことが気になって来て、どういうふうに治したいんだということを中心に聞いていきますね」
筆　者「なるほど。クライアントの内面的なことも聞くのかなと思っていたのですが、そうではないんですね」
O医師「そうですね。たぶんそれをやっているとね、診察が終わらないというのもあると思う。外科ですごいいっぱい手術をしている人とか、ドクターショッピングを繰り返している人た

ちに関しては、またちょっと違います。そういう人はもう、訥々と語ってくる。それに対してはやっぱり自分がやれることと、やれないことをきっちり分けます」

逆に、クライアントの動機づけに「なるべく踏み込む」と語る医師もいた。N医師は、筆者の「先生はクライアントさんの内面にあまり踏み込まないようにされていますか」という質問に対して、「いや、なるべく踏み込むようにしました」「動機づけはやっぱり聞きますよ」と答えている。だが、動機を聞くのは「こっちが思っていることと向こうが気にしていることにギャップがあれば、気になる」からであり、「なぜ、それを気にするんだろうという」疑問が湧くからだという。いわゆる「動機」について踏み込むわけではない。N医師の目から見てクライアントの希望が「適切かどうか」を判断するという意味なのである。実際に、一般的な意味での動機＝「クライアントはなぜ〇〇したいか」については、「たいていだいたい当然だから」という認識をN医師は示した。

筆　者「クライアントさんは、どのような動機を語っておられました？」
N医師「いろいろな動機付けがありますが、要するに『きれいになりたい』『気になる』ということですよね。目を大きくしたいとか、鼻を高くしたいとか、そういう表現ですよね。ただ、『確かに気になるだろうな』ということをこちらが納得できるかどうか（が大事）」

筆　者「何のために目を大きくしたいかは、特にお聞きならない？」

N医師「それが気になるのは、たいていだいたい当然だから。何で高くしたいとか、何でということは、そこまでは普通は踏み込まない」

かように、医師たちは、クライアントの精神にふみこむ「セラピスト」ではなく、クライアントの外見に限定した「職人」であろうとしていると分かる。必要な情報を選別してクライアントに接し、なぜ身体や顔面を変えたいか、身体や顔面に対してどういう思いを持っているかについて、深くは踏み込まない。むしろ「どう変えるか」「どう変えたいか」に関して、細心の注意を払い明確にしようとする。いわば内面に関しては「職業的な無関心」で接し、希望する形態に関しては「職業的な関心」を持ち再現しようとするのである。

また、医師たちの言葉からは、分野間の棲み分け——例えば外科と精神科は全く違う——も感じられる。あくまで外表面の治療にとどめること、そして外表面が変われば悩みもなくなるという予測、それ以上のメンタルな問題については自分たちの領域ではないと割り切ること。できること／できないことを明確に分けながら、外表面に関する「職人」たろうとする意識をうかがうことができるだろう。

2　クライアントを区別するリスクヘッジ

次に共通するのは、医師たちがクライアントたちの「動機」に焦点を当てないが、別の意味でメンタルな部分に注目していることである。それは精神的に「問題」のある（と彼らが判断する）クライアントを見分けることに注意を払っているという意味である。

実際に医師たちは事前のカウンセリングをていねいに行っている[2]（カウンセリングが短い事例については注2参照）。そして彼らから見て「問題のある」クライアントには施術を行わない。

例えばM医師は手術を断わるケースが「いっぱい」あるという。それはふた通りあり、醜形恐怖症[3]（身体醜形障害、**Body dysmorphic disorder**、ＢＤＤとも呼ばれる）の場合と、クライアントのなりたい身体と現実のギャップが大きい（期待が大きすぎる）場合であるという。

M医師「（断ったことは）いっぱいあります」

筆　者「それはどういうケースですか」

M医師「ひとつは精神科的な病気を持った患者さんもいるんですよね。醜形恐怖症といいますけど、小さなことに非常にこだわって、すべてそのせいにしてしまう。いくら手術をしても満足しないんですよね。それから、患者さんが思っているイメージと、実際の手術ってやっぱり違いますよね。そこら辺のギャップが大き過ぎて、受けられないという人も（断る）。手術をするとお互いに不幸になりますから、そういう人もしないわけです」

筆　者「醜形恐怖症というのは、少しお話されたら分かるのですか」

M医師「だいたいそういう患者さんは、見ていれば分かりますね」

筆　者「ギャップの大きい患者さんというのは？」

M医師「非現実的なことを言うことも。一番典型的なのは自分が理想とするタレントの写真を持ってきて、こういう形にしてくれというのですね」

タレントの写真を持って来て「こういう風にしてください」というクライアントは相当数いると聞いていた。多少似ているタレントであれば「問題ない」が、かけ離れている写真を持っていくのは、医師から見て「問題あり」と認識されるという。同時にM医師の場合、特に若い人たちが美容の手術に走る傾向に「メンタルな問題」を読み取り警鐘を鳴らしていた。

M医師「例えば若い人の場合は、感情的な部分が多いですよね」

筆　者「感情的な部分というのは？」

M医師「こういうふうな形にしたいと。手術の場合は合併症など必ずいろいろな危険もありますよね。中に異物を入れたりすると、後でそれが感染したり出てきたり、一定の割合で合併症が起きるわけです。そこまで考えが及ばない。説明しても受け入れられなくて、『今、こういう形になりたい』と（言う）。わりと刹那的というか、今がよければいいという意識が強いですよね。もうちょっと年を取ってくるといろいろな経験をしていますから、何かいいことがある代わりに必ず悪いこともあるんだと、そういうリスクも考えた上で決めるということはできますけど。そういう意味で若い人というのは美容の手術は危険だなと思いますね」

筆　者「若い方は、なぜ先生がリスクを説明されても聞き入れないんでしょうか」

M医師「たぶん、何か人生がうまくいかないことを、全部そのせいにしている可能性があるのかなという気はしますよね」

またN医師は、美容外科手術を受けるクライアントが、そもそも目的を口にすること自体をよくない兆候として読み取っている。その際に「安定した患者」という言葉を使い、患者を「安定／不安定」の位相で捉えていることが示される。

N医師「就職のためとか、お見合いのためというような、何か一つのはっきりした目的があるときは、逆に手術はそれを保証するものじゃないとクギをさす、というのは原則としてあるわけですよ」

筆　者「ドクターとしては、就職のためとか、あるいはお見合いのためと言われるよりは……」

N医師「虚栄心といわれる方がいいですね。手段じゃなくて、それ自体に目的があった方がいいわけですよね」

筆　者「その方が施術しやすいということですか」

N医師「その方が安定した患者ですよね」

筆　者「安定した患者？」

N医師「ジョンズ・ホプキンス（筆者注：米国の大学。医療関係の研究が有名）の昔の統計で、男と女と、シワとそれから鼻と、四つ（のマトリクス）に分けているのがある。一番いい、安定しているのが、女のシワ伸ばし。それぐらいの年になると、手術の損得をこちらが一応全部話しますよね、それを自分で判断して決めますよね。一番いいのは、何か変な理由付けをしないで、虚栄心のためだと割り切っている人ですよね。一番やばいのが男の鼻の手術なんだね」

N医師が「不安定な」クライアントと呼ぶような人を、他の医師たちも意識している。K医師は「理解力のない人」と、あるいはP医師は「メンタルな問題が高度に入っている人」と表現している。K医師も施術を拒否することがあるというので、こちらが「それはどういう人ですか」と尋ねた際、次のようにはっきりと答えてくれた。

K医師「要するに理解能力がない人。あと、過度の、過剰な期待を持っていて話が通じない人。〔中略〕細かくうるさいタイプの人というのは、結局、完成度の高い仕事があっても、満足できないわけですよね。やっぱり受け取り手側が満足するということが最終的なゴールなので、その見通しが立たない場合には、結局断ることになっちゃうわけなんですよ。〔中略〕美容の場合はパターンがあるんです。だいたいは1回帰って、また聞きに来る人ですね。――聞きに来るのが新しい質問、聞き忘れたと言って新しい質問の人もいるんですけど――まったく同じ説明した内容のことを聞いてくる人もいるわけですね」

筆　者「同じことを言ったじゃないかと思われますか」

K医師「うん。やっぱりそういう危険な要素が、慣れているのでだいたい分かっているんですね。同じ30分の中でも、本当に同じことを、何度も、何度も聞く。こちらが『ここは無理なんです』と説明することに対して、『いや、先生、でもやっぱりこれはだめですか』とあまりにも強く聞く。1回は念押し・ダメもとで聞いてみるというのは誰でもあるんですけど、その程度。程度が度を超すと、本当に理解能力がないと思う」

P医師の場合も、施術を断るケースがあるという。

P医師「これはやらない方が得策ですってお帰しする方もいます」

筆　者「その境界線は、どういう判断で引かれるんですか」

P医師「実際にこちらが手術をして治る可能性のないこと。というのは、そのくらいは分かりますので。あとは、自分で自分の鼻が曲がっているのが嫌だという人はまだ分かりますけれども、申し訳ないけれども、人から指摘されると言う人（は帰す）。［中略］通りがかりに鼻を揶揄されるとか、遠くで悪口を言っているとか、電車でみんな自分の鼻を見ているとか言う」

筆　者「ちょっと問題があると？」

P医師「ちょっとじゃないです。かなり高度にメンタルな問題が入ってきます。やっぱりそういう話し言葉とか挙動で（判断する）。仮に鼻に本当に問題があったとしても、それは客観的にいろいろお調べするとして、同時にやはりそちらの方の（メンタルな）フォローが必要であろうと思われる患者さんにはそう言うし（筆者注：P医師は程度に応じて精神科の紹介なども行っている）。逆にいうとそれ（＝クライアントの主観）は否定しちゃいけないですね。そう思っている人に『そんなことないですよ』と言ったって意味はないので」

Ｐ医師の場合は、他の医師と少し違っていて外見を変えれば「嫌なんだという思い自体がなくなる」という発想はせず、「強引に言葉で、あるいは手術で治ったとしても一時であって、その人の根本は何も治っていません」という認識を持っていた。彼は、クライアントの精神状態を見ながら、メンタルフォローのできる機関を紹介するという。ただし「よく言われるのは、精神科のまねはできませんよと。その通りだと。だからそんなまねをしているつもりはもちろんなくて」とも語っている。

クライアントに精神科を紹介する医師や、端的に手術を断る医師など、クライアントのメンタルに踏み込む程度には差がある。ただ、少なくとも医師たちがクライアントをメンタルに問題のある人／ない人に見分けていることは共通しているといえる。そして問題があると見なした場合は、手術を断ったりやめるよう説得したりすることも共通している。

クライアントを見分け、時に断る理由は、一つには医師としての倫理観があるだろう。もう一つには、医療訴訟への対応あると思われる。近年、国民生活センターに寄せられる相談は2000件前後にのぼり、訴訟も20～30件ある。にもかかわらず、ごく最近まで美容医療賠償責任保険はなかった。これまで医療訴訟になった場合、日本医師会による医師賠償責任保険制度、ないし大手損保の医師（病院）賠償責任保険が適応されてきたが、これらは約款で「美容を唯一の目的とする医療行為は補償の対象外」と規定されてきたのである。美容の医療について、保険のような民間の制度が立ち遅れてきたことがわかる（ちなみに立法・行政の立ち遅れについては8章で見ていく)[4]。したがって、医師たちとしても、リスクヘッジのためにクライアントを分けることに顧慮する必要があったといえる。[5]その意味では、医師は圧倒的にクライアントの上に立つ権力者というわけではない。ある意味で、医師はクライアントを恐れている面もあるといえる。クレーマーである消費者を恐れる企業と同じく、単純な権力関係があるわけではなく、その関係は多少ねじれているのである。

3　クライアント主導

医師たちが一方的にクライアントの上位に立っているわけではない証左として、医師自身の判断よりもクライアントの主観を重視する事例がかなりあることを挙げることができる。医師たちは外貌をどう変えたいかについてクライアントの希望を詳しく聞くが、具体的に「どうしたいか」がはっきりしても、直ちに施術を施すわけではない。むしろ施術を行うかどうかの決定までをクライアントに任せるという(病院が施術を勧める事例については注2参照)。

K医師「動機は聞かないです。やっぱりどうしたいか(だけを聞く)。こちらとしては結局、医療を行った場合に、この人の目的が十分な確からしさを持って達成できるかどうかが要点。本人が満足しないと意味がないので、そういう見通しが持てる条件が備わっているかどうかを聞くわけです。まずひとつには、目的が明確でないといけないので。目的というか……」

筆　者「どう変えたいかですね」

K医師「ええ。どう変えたいかがある程度定まっていないと、結局、その人も実際治療が終わった後で正しく評価できないと思うんですね。評価しにくい。自分が要求したことに対して、その設計通りに行われたかどうかという達成度を患者さんが評価するわけです。そのときにきちんとした明確な基準がないと困るわけですよね、こちらとしても。［中略］要するにクライアントの要望に対して、こちらは治療法と治療の費用とか、あと、治療で得られるゴールの見通し、その幅、確実性などを説明するわけですから、それに対して患者さんがどういうふうに考えるかと」

クライアントの要望がはっきりしている上で、K医師は施術をするかしないかの決定を「クライアントがしなければならない」と明確に考えている。

K医師「それでいいのかどうかという治療に対する見通しを話します。あくまで医師が決めるというよりはクライアントが決める。だいたいはクライアントが決める話なんですよ。［中略］要するに、患者さんが責任を取らないと、結局クレームになってしまう。ビジネス上、（手術を）勧めるというのがよくある話じゃないですか。結局、そういうところできちんとした説明義務違反にならないような形、医療過誤にならないような形が求められているので。そこのところは治療をするかどうかを決めていただくと」

またL医師も、美容整形に関してクライアントに「する／しない」の判断をしてもらう必要があると考えている。例えば、体の内部への影響を無視してでも外貌を変えたいクライアントがいれば、ある程度その意思を尊重するという。

L医師「その人の人生の選び方をお手伝いする」

筆　者「サポートする？」

L医師「うん、サポートする。だから『その人にとっていい』わけ。いつまでも若々しく美しくいたいという目的が、例えば、ご高齢で彼氏がおられるという女の方と、すごくご高齢で元気な男性の方とで、目的にするアンチエイジングは違うような気がする」

筆　者「人それぞれのアンチエイジングがあるということですか」

L医師「そう。全員違うと思う。体はぼろぼろでもいいから、お肌だけめちゃくちゃにきれいにしてほしいという人もいるんだと思うね」

筆　者「その場合、L先生は『体の内側からじゃないとダメですよ』とおっしゃるんですか」

L医師「その人の人生観に合わせるのがやっぱりいいんじゃないですか。そこまでたどり着くにはちょっと時間がかかりますけどね。『あなた、やっぱりこっちの方がいいんじゃないの』くらいの話はするけど。だけど『わしはそんなのに興味ない。バイアグラちょうだい』という人もいるでしょう。それはそれでその人の人生で、否定する理由はないよね」

筆　者「その方の人生観に合わせて治療を行う？」

L医師「それを行うのが僕らの仕事かなと思って」

また、N医師もクライアントが外貌をきれいにしたいと訴えるときの基準を、医師側ではなくクライアント側に置くという。

N医師「いや、（何がきれいかは）人それぞれでしょうね。人それぞれということもあるし、内面と外面が絡んじゃっているし。それから、きれいという場合に、例えば美術の鑑賞としてのきれいと、普通の生きた人間としてのきれいと、まったく意味が違いますよね。美術としての鑑賞ならば、非常に答えは出しやすい。けれども、人間としての場合だと、まず表情がある、しぐさもある、そういうのは全部絡んでいるわけですよね。だからそれは一概に言えないですよね」

筆　者「クライアントがきれいにしてくださいと言って来られた場合に、どのように調整されているんですか。例えば、目を大きくと言われても、大きさをどのくらいに変えるか。基準はドクターの主観に任されているものなんでしょうか」

N医師「個人の主観というか、個人が社会通念と考えているもの。だから自分の好みより、やはりまず患者の好みを優先するふうにしますよね、それがとっぴでない限りはね」

多くの場合、施術をするかしないか、そしてどういった施術を行うかといった判断を医師たちはクライアントの主観に任せていた。それだけではなく、クライアントの思い込みが医師たちの主観と違っている場合でも、医師たちは思い込みを否定しない。O医師は、クライアントの写真を記録しており、最初からあったシミやシワを、クライアントが「出てきた」「だから消したい」と説明するエピソードを語ってくれた。

O医師「シワの場合は、だいたいある程度30代後半から40代、50代、60代って上に行くほど多くなるわけなので、『何かのときに昔の自分と比べて愕然とした』みたいなことを言う人が多いですね。このシワが前はなかったのに出てきたとか、前はなかったけど今はあるということで、シワを消したいという人が多いんじゃないかなと思います。そうそう。でも昔の写真（にシワ）が案外あったりして。ほらここにあったじゃないか、ただ気になってなかっただけじゃないかということはよくある」

思い違いをしているクライアントに対しても施術を断るわけではなく、その思い違いも含んだ形で、彼・彼女たちの意思を尊重するのである。こうして医師たちは、クライアントを見分けたのちは、当該者の意思に任せる傾向がある。最終的に「あくまで医師が決めるというよりはクライアントが決める、だいたいは向こうが決める話」（K医師）という立場をとる。

なぜクライアントに任せる部分が多くなるのか。一つにはリスクヘッジのためだろう。先に見たようにリスクヘッジは医師たちの関心ごとであった。もう一つには、「美」という観念がそもそも持っている曖昧さに起因するだろう。「病気が治る」「ケガが治る」のに比べると「美しくなる」「キレイになる」ことの基準は、主観に左右される。美容整形は「治ったか／治ってないか」がクライアントの主観に相当の部分依存する分野なのである。

医師とクライアントの関係は、医師上位の権力関係ではあるが、最終審級はクライアントにあるというねじれた構図がここでも観察できる。

［注］

1　当然ではあるが、医師たちが美容整形を実践する人々＝クライアントをどう認識しているかはさまざまである。クライアントの悩みに対して「代理になって戦う戦士」の役割を自らに課す医師が存在する一方で、あからさまに患者を差別するような医師の存在を教えてもらったこともある。医師たちの認識はかように多様であるが、共通している点も存在する。

2 『LDK the Beauty』2018年4月号（晋遊舎）の「美容クリニック覆面調査」というコーナーでは、カウンセリング時間は短く、高額な施術を勧める病院が明らかにされている。ただ筆者のインタビュー協力者である医師にそのような人は1人もいなかった。調査のサンプリングに偏りがある可能性をふまえ、次の調査に生かしたい。

3 自分の容姿について過度にこだわる精神疾患で、低い自己への評価と関連している。

4 保険の立ち遅れは、悪い側面ばかりではなく、保険がないことで医師たちがより慎重に施術を行うようになるメリットもあった。

5 ある医師がカルテにクライアントの精神状態などを隠語で書き込むクリニックがあると教えてくれている。「いろいろあるんですよ。カルテにくどいとかね、頭が悪いとか、明らかに精神科的におかしいとか。いろいろなマークがあったり、隠語的なマークがあったりするんです」。それは医師側に医療訴訟を避けたい意図の表れでもある。

8章　医師と医師——専門分野間の壁

医療の中で、やや一方的な医師—クライアント関係が想定され、しかも医師が上位の権力関係として想定されてきたが、美容の領域ではその権力関係はねじれていたことがわかった。

ここで一つの疑問が生じる。医師—クライアントの関係だけではなく、医師—医師の関係はどうなっているのだろうか。従来、医師同士の関係性はあまり論じられてこなかったが、検討する必要があると思われる。

1　二つの学会の存在

まずは、日本には「美容外科学会」が二つあるという不思議な現象について見ていこう。創立の古い順に書けば、一つは JAPAN SOCIETY OF AESTHETIC SURGERY（ＪＳＡＳ）、もう一つは Japan Society of Aesthetic Plastic Surgery（ＪＳＡＰＳ）である。二つの学会が存在することを通して、医師たちの認識に溝があること、および、美容医療をめぐる行政の問題を見ていきたい。

筆者がかつて美容整形を手がける医師に両者の違いを聞いたところ、「ざっくりいうと、開業医系（ＪＳＡＳ）と大学病院の形成外科系（ＪＳＡＰＳ）」であると教えてもらった。実際にはＪＳＡＳとＪＳＡＰＳの両方に所属する医師もおり、必ずしも明確に分かれるわけではないが、この説明で一般的には理解しやすいと思われる。

ＪＳＡＳ（開業医系）は１９６６年に設立されている。日本美容医学研究会を前身として、１９６６年に「日本美容整形学会」として立ち上がったものである。ここで「美容整形」を標榜科目にしようという運動が展開されたが、結局、標榜科目にはならなかった。標榜科目になったのは「美容外科」であり、その流れをうけ１９７８年に「日本美容外科学会」の名前に改称した。

ＨＰによると「美容外科は主として容姿、外見の改善、美化を目的とする外科の一分野であるが日本では専門の学会もなく、従って大学の講座も開設されませんでした。美容外科は、主として民間病院の医師により、夫々個別的に医療技術の研究・開発が行われました」（傍点は筆者による）との経緯から、民間の病院を中心に、外科だけではなく眼科、耳鼻科、皮膚科などが参入しつつ、活動してきた学会である。正会員になるには、日本の医師免許を保有し、同学会会員から推薦されることが必要とされる。

一方、ＪＳＡＰＳ（形成外科系）は１９７７年に発足した日本整容形成外科研究会を母体にし、1978年に設立された。JSASが様々な専門の開業医を中心に設立されたのに対し、JSAPSは大学病院にいる形成外科医を中心に設立された。それゆえ、JSAPSは、身体外表面の変形や傷や欠損に対する改善・再建手術を行ってきた「形成外科」の一領域として「美容外科」があると捉える立場にある。

また、「JSAPSは原則として日本形成外科学会の専門医を持つ医師によりその正会員が構成された会」である。[1] 正会員となるためには、日本の医師免許だけではなく、日本形成外科学会の専門医の資格を持つことが必要であるという。形成外科専門医になるにはかなり高いハードルがあり、少なくとも5年間は日本形成外科学会が認める医療研修施設において形成外科に関わる研修を受け、所定の専門医認定試験に合格する必要があった。[2] したがってJSAPSは、基本的に形成のトレーニングを受けた医師を中心とする学会といえよう。

両学会の展開を、医療ジャーナリストの田辺功は次のようにまとめている。「開業医系は美容整形を看板に掲げ、古くから『日本美容整形学会』と名乗り、厚生労働省に正式の診療科と認めさせる運動をしてきた。一方の形成外科系は小規模な大学人の研究会だったが、美容外科が診療科名になりそうだと一足先に『日本美容外科学会』と改称、開業医系も間もなく同名に改称した。[3]」

ところが、筆者が調査を始めてしばらく経った頃、医師たちから「両者が統合するかもしれない」という話を聞くようになった。2011年のJSAPSの学会総会では「二つの美容外科学会：日本の美容医療に将来はあるか？」なるシンポジウムが開催され、[4]２０１２年の同学会では「次世代への提言：日本美容外科学会をひとつに～よりよい美容医療を求めて～」という提言もなされ、[5]両者が統合していくのは決定したようにも思われた。医師たちからも「いよいよ二つの学会が統合する」という言葉がちらほらと聞かれた。だが、しばらくしても学会統合の発表がなかった。そして、２０１３年の同大会からは統合を示す内容のプログラムはなくなっている。

同年、他方のＪＳＡＳでは、当時の学会長が次のように述べ、両学会が一緒にはなれないことを説明している。「今回の学会は、十仁病院系、つまり梅澤派の原点に立ち返った学会にしたいと考えております。それは、特定の科だけによるものではなく、美容医療に携わる全ての科が垣根を越えて集合し安全でクオリティーの高い治療を追及《ママ》できる開業医のための学会です。例えば、口周りの治療を行うには形成外科、歯科の協力が必要となります。目の領域の手術には、やはり眼科の知識が必要となるはずです。鼻の領域では、耳鼻科の知識も必要となるでしょう。医療事故というと麻酔に起因するものが大半を占めています。それを予防するには麻酔の知識も必要です。このように、開業医にとって特定の科の知識だけでは安心できる美容医療を追及《ママ》することは難しいと思います。また、美容外科と他科との決定的な相違点は健康保険適用ではなく自費診療という点です。ほとんどの症例は大学ではなく開業医の元に集まるという特性があります。その中でもＪＳＡＳに所属するクリニックに集まっているのが現状です。

それゆえ、当学会は美容医療を行ううえで責任ある重要な立場にあると認識しています。一方でJSAPSの学術的知識とスキルも大切です。また、5000人の形成外科医にとって就職や美容外科の経験や症例も大切です。私達はより良い意味でのダブルスタンダードではやっていけないものでしょうか?」[6]（傍点は筆者による）

ちなみに、同じ2013年に筆者はJSAPSの特別シンポジウム「美容外科の社会的位置これまでとこれから」へ呼ばれ[7]、専門外の者として発表を行った。当時のJSAPSの会長による開会挨拶は「今回、美容外科という領域の社会における位置付けを再確認し、新たな未来に向かう指針とすべく、形成外科医、美容外科医以外の有識者をメンバーとした特別シンポジウム『美容外科の社会的位置　今までとこれから』を企画致しました。また学会や専門医制度のあり方を含めた『未来への提言』を当学会員へのアンケート結果を踏まえて議論致します。転換期にあると感じられる会員諸兄に必ずや新たな方向性を見いだすトリガーになるものと確信しております」（HPより）という文言であり、「両者の統合」ではなく、「外部（非医者）との接続」や「転換」を打ち出していた。当日、知り合いの医師に「統合はどうなりましたか?」と尋ねた際、「難しいねえ」との回答を得ている。両学会とも当該学問の進展を目指そうとする目的は共通しているのだが、設立の経緯や考え方に違いがあって、統合には至らなかった。

なぜ二つの学会が存在し、なぜ統合を目指し、なぜ決裂したのか。これら一連の動きに、美容整形の抱える本来的な問題が現れているように思われる。単純に、開業医と大学病院医の間に対立があるということではない。[8]むしろ「美容整形とは何か」「担い手は誰か」というポリティクスをめぐる問題である。同時に「美容に関わる国の行政」の問題でもある。

まず、美容整形（美容外科）をどう捉えるかについては、ＪＳＡＳとＪＳＡＰＳで大きく異なっている。ＪＳＡＳにとって美容整形は、「主として民間病院の医師により、夫々個別的に医療技術の研究・開発」が行われてきたことから、「一党一派に偏ったものではなく、基礎医学、臨床医学、予防医学、再生医学など総ての医学・科学の分野の総合力で発展、進歩する」ものだという。[9]一方で、大学病院の形成外科医を中心に発展してきたＪＳＡＰＳにとって、美容整形は（そもそもＪＳＡＰＳでは美容整形というタームを使わないが）、正会員には形成外科学会の専門医認定を条件付けており、「形成外科学を土台」とするものなのである。ＪＳＡＰＳのＨＰにも「私どもが専門としている美容外科は形成外科学を土台としています」「この認定証（筆者注：形成外科の専門医認定証）を持つ医師であれば、顔を含め頭の先から足の先まで、形成外科で必要なトレーニングを受けてきていることを証明しています。やはり正規なトレーニングを受けた医師を探す必要があるのではないでしょうか」（傍点は筆者による）と、形成外科という領域を強調し、それ以外の科目を取り入れてきたＪＳＡＳとの違いを明確に打ち出している。

そのために、美容整形の担い手は、ＪＳＡＳは、耳鼻科医や眼科医、形成外科以外の外科医

（整形外科など）らを含む、より広い医師たちとなる。ＪＳＡＰＳにとっては、形成外科学会が認めた形成外科の専門医であることが最低限必要な条件となる。「開業医」と「大学病院医師」という「土壌の違い」だけではなく、「様々な専門の医師」と「形成外科医」という「専門性の溝」が存在するといえよう。

しかし「美容整形とは何か」「担い手は誰か」に関する両学会の認識の違いは、医師サイドだけから生じたわけではない。行政の問題からも生じているのである。また、行政の問題は、そもそも二つの学会が存在することになった原因を作ったのである。

標榜科目とは、政令で定められ、厚生労働省（かつては厚生省）が管轄し、医療機関が広告することができる診療科名のことだ。現在「美容外科」や「美容皮膚科」などが標榜科目である。[10]そして今の日本では、医師になれば何科を研修したかにかかわらず診察科目を標榜できる。[11]例えば、皮膚科の研修を受けていなくても皮膚科として開業することができるのだ。ただし、標榜科目は医師側では自由に作成はできない。つまり①「標榜科目は政令が定める」のだが、②「その中で医師はどれを名乗っても構わない」という自由標榜制をとっているのである。

これまで美容の医療分野は曖昧なまま置かれてきた。そのため立法・行政の動きより先に、現場の医師たちがそれぞれに知識と技術を獲得してきた経緯がある。様々な専門領域を含むＪＳＡＳは「美容整形科」を正式の診療科と認めさせる運動をしてきたが、願いが叶わなかった。ところが１９７８年に美容の医学は「美容外科」が標榜科目に定められることになる。この時点で、国側から「美容医学は形成外科との両輪である」ことが宣言されたとも言える。

国側の動きを受けて、JSASは「日本美容整形学会」から「日本美容外科学会」に改名し、JSAPSは形成外科の一支流である「日本美容外科学会」として誕生することになる。したがって、JSASからは、それまでに蓄積されてきた（形成以外の）美容医学が軽視されていることへの反発が生じ、同時にJSAPSからは、形成外科としてのトレーニングを受けていない医師たちが美容外科を名乗ることへの違和感が生じることになった。これらの反発や違和感は、医師たちの認識から生じたというより、美容医療に関わる立法・行政の動きから必然的に生じた軋轢であったといえよう。

また、立法・行政の問題は、二つの学会が統合しようとした理由にも関連している。特に専門医制度が要因として大きいだろう。専門医に関して、2002年に厚生労働省から一定条件をクリアした学会専門医の広告を解禁する旨の通達があった。つまり専門医であることを宣伝できるということである。だが、これまで専門医は、各学会の認定資格であり基準は同一のものではなかったのである。学会が二つあることは「厚生労働省お墨付きの」専門医を生み出すことに不利になる。専門医の広告解禁は、二つの美容外科学会は統合すべきだという機運を後押しする一つの要素になった。医師たちの認識の違いだけではなく、行政の動きによって美容整形は二つに引き裂かれた後、今度は逆に統合を目指す方向へと後押しされたのである[12]。だが両者の溝は大きく、最終的には統合できないという結果となった。美容医療に関わる立法・行政の立ち遅れが、二つの学会を生み出し、統合へ向かわせ、決裂へと導いたともいえるだろう（専門医の基準にばらつきがあることを問題視した厚生労働省は、２０１８年４月から制度を変更したため、状況はまた変化すると予測される）。

現場の医師も立法・行政の立ち遅れを指摘していた。例えば、M医師やN医師はインタビューの中で、国の施策への不満を語っている。

M医師「本来は国の責任なんですね」

筆　者「国なんですか？」

M医師「うん。だって、普通の薬は国が責任を持ちますよね。食品にしたって国が責任を持たないといけないのに。ところが、美容に関してはまったく国が責任を持とうとしない。唯一、一種の免許として医師ライセンスがいるということをやっているだけ。日本だけがまったくフリーでやっていると。〔中略〕日本だけなんですよ。だってあの中国ですら、ちゃんと国が責任を取るようになっているんですよ」

筆　者「なぜ日本はそんなに遅れているんでしょうか」

M医師「それは役人の問題だと思います。要するに、自分が責任を取りたくないんです」

筆　者「国に改善してもらいたい点はありますか」

N医師「いや、もう国はだめですね。霞が関が悪の温床だから。国を当てにしていたら、何もできない」

M医師もN医師も、美容の医学において指導的な立場にあり、行政との折衝や対応を行ってきた経験からでた本音であるといえよう。もちろん、M医師もN医師も、国に全責任を押し付けようとしていたわけではなく、医師全体もクライアントに対して責任を持たなければならいと考えていた。ただ、国がもっと美容に関わる医療に対してきちんと関与しなければ、クライアントに大きな不利益が生じると考えていたのである。

筆者が海外で美容整形に携わる医師たちにインタビューした時、彼らは日本の医師たちのレベルを賞賛していた。実際に日本の美容整形のレベルは非常に高いという。美容外科、美容皮膚科などは標榜できるようになったが、美容医療はもはや、様々な機器の発展とともに、外科・皮膚科以外のスキルを必要とする多様な診療と絡み合う形で発展していこうとしている。外科・皮膚科のスキルを維持向上したまま、雑然とした現在の状況をまとめるには、現実のレベルに沿った立法と行政が求められている。

2　分野間の隔たり

二つの学会の存立から、開業医と大学病院系、また形成外科とそれ以外の専門領域の競合関係を見ることができた。また7章で紹介した医師たちのインタビューの中で「私は精神科ではないし」「精神科の真似はできません」といった語りが見られ、分野間の棲み分け——例えば外科と精神科が違う——がうかがえた。以下では、インタビューの中から、医師と医師の関係性を見ていきたい。まずよく聞かれたのは、外貌を扱う医療（形成外科）に対して、そのほかの領域から否定的に見られるという語りであった。

M医師「一般の人以上に、医療者は見かけ（外貌）のことに対しては否定的ですね。怪しいと思っています」

筆　者「お医者さんの業界では、美容は怪しいと見られているということですか」

M医師「ずっと怪しいと見られていますね。今でもそうです」

筆　者「はっきりと分かる場面がありますか？」

M医師「例えば医学生がどの科を選ぼうかといろいろな相談をしますよね。外科に行こうとか小児科に行こうといった場合に、『僕は形成外科に興味があります』というふうな話をすると、多くの外科の先生とか内科の昔からいる先生たちは、『あんなやくざな科には行くな』というふうなことを言っていますね。それは伝え聞きます。（形成外科である）僕には直接言いませんけれども」

またQ医師は皮膚科を専門としている。同じ病院に形成外科のR医師が勤めていて、二人で美容整形を担当していた。しかし双方の医師は情報交換などを行うことはなく、お互いに口を出さない状態にあった。Q医師はR医師との差異を強調し、形成外科は「サイエンティスト」ではないとの認識を持っていた。

Q医師「僕の関係のないところは言わない。他の先生のところは言わない。僕に関係している美容的なところは言います。R先生、彼がどうしようと僕には関係がない。彼には彼の責任があって。僕の考えとはちょっと違う」

筆　者「はい」

Q医師「（強く繰り返して）違う。だけど、僕としては、彼は形成だからサイエンティストじゃない、と」

筆　者「R先生は形成なんですね」

Q医師「形成。全然、全然。色々とやってるけど、サイエンティストとしての業績は、僕は絶対負けないから」

形成外科の領域に対する否定的な意見がある一方で、M医師は逆に外貌を低く見る医学的風潮に疑問を持ったという。耳鼻科で上顎がんの治療を行った患者が顔の一部を失ったにもかかわらず、耳鼻科の医師たちが満足しているとM医師は認識し、それに疑義を呈している。

M医師「耳鼻科で治療をする患者さんなんですけど、ちょうど私が学生時代で、ベッドサイドを回って行くときに、顔が半分ない人がいるんですね。上顎がんで、ここ（顎を指す）にがんができて」

筆　者「あごを取ってしまうわけですか」

M医師「取ったりする。そういう手術はもうよくやられていたんです。今でもやりますけど、顔を半分取ってしまうんですね。あごが半分なくなったり目がなくなったり。そういう人がいっぱいいごろごろいたんです。そういう人たちというのは、命は助かっているんですよ。でも、見た目にすごいぎょっとするような顔ですよね。それで、もう社会復帰もできないんですよ」

筆　者「ご本人的にショックが大きいでしょう」

M医師「ショックが大きいと思う。でも、当時の耳鼻科がやるんですけど、耳鼻科の先生としては『素晴らしいだろう』『命は助けてやったんだ』と、それでもう満足なわけですね。乳がんだって同じですよね。昔は全部取ってしまって、洗濯板みたいになっていますね。でも『命は助けたからそれでいいんだ』という気持ちでいる。そういうふうに学生にも教えるわけですね。それを回って見ている間に『本当かな？』と私は思ったんですね。その人は家に帰っても仕事もできない。それで一生こういう形で本当に幸せなのかなというふうに僕は感じましたね。そのころは、まだＱＯＬという概念がなかったんですね。それで形成外科があるというのを知って、それ（外貌）を再建するというような方法があると」

筆　者「顔面も再建できるんですね」

M医師「再建できます。なくなったものをまた作るという、そういう前向きな治療ですよね。それに非常に惹かれて、形成外科を選んだというのがあるんです」

Ｍ医師は、他の領域からは「ヤクザな領域」と捉えられていたが、外貌を治せる形成外科を「前向きな治療」と捉えたわけである。そして、そもそも外貌を扱う分野に対する蔑視があったのは、美容整形に起因しているとも考えていた。つまり同じく外貌を扱う領域であっても、形成外科と美容関連医療（ひいては大学病院系と開業医系）に違いがあると彼は考えているのである。

M医師「日本の形成外科は1970年代ぐらいから普及したと言いましたけれども、戦後の1950年代、1960年代にも美容整形が盛んに行われていたんですね。そのころから胸を大きくしたり、鼻を高くするということが行われていたんです。ロウを入れたりですね」

筆　者「ロウ?」

M医師「ワックスですね。それとかシリコンの液体を入れたり。ああいうのが普通に入れられていたんですよ。開業の美容整形で。美容外科って名前もなかったんですけど、大学でだって行われていたんですよ。そういう人たちは、入れた瞬間からもう合併症が起きるんですね」

筆　者「入れた瞬間にですか」

M医師「うん。合併症は10%、20%ならまだいいんですけど、100%合併症が起きるケースも（ある）。そんな危険な手術は治療じゃないですよね。考えたら当然なんですけれども、シリコンなどを柔らかいと思って入れても、体の中に入れたら、みんな異物ですから異物反応が起きるわけですね。あるいは、リンパの流れに乗ってどこかへ行ってしまうような。そういうのを平気で行っていますね。しかも自由診療で。しかもメディア、当時は週刊誌とかに載せる。ワックスやろうと言えば誰でも危険と思うけれども、それをオルガノーゲンとか、いろいろなかっこいい名前を付けるわけですね。肉質注射と言っていたかな、ああいう名前を付けて、これはアメリカから入ってきた最新であると言うと、みんなは信じようとしますよね」

筆　者「でも、それはロウやワックスだったんですね」

M医師「そう。自分たちがみんな信じているわけですよ。これはいいんだと思っているわけですけれども、やってみると、そういう重大な合併症で、中に亡くなる人もいるわけですね、血管の中に入ったりもして。それで1960年代かな、豊胸手術で2人ぐらい亡くなっているんですよ。さすがにそれが新聞で問題になって、美容整形の医者というのは、こんな危険なことをしてということでたたかれたわけですね。それでダーティーなイメージができてしまったんです。一方で、まじめにアメリカへ行って勉強して、再建（手術）であったり、先天異常をちゃんと治したいという人もいたんです。それが、もうみんな一緒に見られてしまうんですよ。そう見られると、患者さんに本来やるべき医者がいなくなるわけですよね」

M医師は、外貌を軽く見る一般外科、内科、耳鼻科の風潮に反発しつつも、同じく外貌を扱う領域で、形成外科と美容整形に差異があると考えていることが分かる。同じく、O医師も形成外科が美容のイメージと結びついて、同業者間で低く捉えられていると語っていた。

O医師「形成＝美容というイメージがありますね」

筆　者「お金もうけしているみたいなイメージがあるということですか？」

O医師「そうですね。やはり医療というのは命を助けるのが一番大切ですから、それを一生懸命やるのが一番正当な医師であると。それから神経麻痺とか、ああいう機能的なことをやるのが、形成、眼科とかが次にきていますよね。見た目をやる形成外科というのは一番歴史としても新しいし……」

美容が低く見られるイメージは、何も外科に限った話ではなく、他の領域でもあったという。L医師は美容皮膚科について語ってくれている。美容が低く見られる中で、美容皮膚科は美容外科よりさらに低く見られていたというのである。

L医師「世の中には、2000年より前までは美容皮膚科といったらうさんくさいイメージがたぶんあったと思う」

筆　者「ありましたか」

L医師「うん、明らかにあった。美容皮膚科という言葉自身ものすごくマイナーだったと思うわ。東京で美容皮膚科学会というのがあったんですけど、美容外科とはもう全く別の世界で。美容皮膚科というのはものすごくマイナーで、化粧品みたいなものを中心にするようなもので、イメージ的には本当に小さなところで学会をやっていました。僕も正直言って、隠れて行っているような世界だったもん」

かつて「隠れて」学会に行っていたというL医師は、今では美容皮膚科がメジャーなものになったと認識している。L医師はかなり古くからレーザー治療を行っていて、そのことに対してプライドを持っており、新しく美容に転化してきた皮膚科医には近年になって「乗り込んできた」という印象を持っている。

L医師「美容皮膚科に関してはわりとマイナーというイメージはあったでしょうね」
筆　者「今はかなり認知されていませんか」
L医師「今はもう、どメジャーでしょ」
筆　者「どメジャー（笑）」
L医師「こんな言ったら悪いけど、ほかの人が（美容皮膚科領域に）ガーっと乗り込んできたみたいな感じだよね（笑）」
筆　者「同じ皮膚科でも美容を名乗ることが増えていますか」
L医師「ありますよ。だって、そうしないと。僕らの後輩で開業する先生方は、名乗る、名乗らないは別にして、美容をしないと食っていけないと思う」

かように、同じく美容に携わっている医師たちでも、専門とする領域や出自によって、意識が違っていることがわかる。しかも興味深いのは、それぞれの領域が「対等な関係」にあると認識されておらず、何がしかの「序列」があると思われていたことである。しかも序列は、完全に固定化されたものというより、それぞれの医師の間の分野や世代による、せめぎ合いの中で認識されるものであった。

3 統合への動き

美容に関わる医療の整備を阻害するものに、立法や行政の立ち遅れ、及びそれに起因する「医療領域間のせめぎ合い」もあった。良い悪いは別にして、事実として美容に関わる医療は、すでに発展してしまい、外科や皮膚科など様々な領域と絡み合う形で行われるようになってしまっている。現実に沿うならば、領域間のせめぎあいを超えた、統合的なシステムを再構築していく必要があるだろう。

そしてもちろん、領域間を乗り越えようとする医師たちも大勢いる。前章で見た二つの学会を統合しようとする動きもその表れであるし、インタビューの中でも多くの医師が領域間での架橋を語っていた。例えば皮膚科であるL医師は、抗加齢（アンチエイジング）の医学に取り組んでいたが、いくつかの分野間をまたがる経緯を経ながら、皮膚科だけの考えではなく総合的なプローチへと進んできたという。

L医師にとって「アトピー性皮膚炎というのはアレルギーの病気だと、ずっと思っていた」

疾患であった。「ところが重症の方になってきたら、夜は寝られない、朝昼が逆転する、体が寒いとか、うつだとか、僕らが治療しようと思う表層上（＝皮膚）の話とは全然、違うことばっかり訴える。内的な問題ばっかり訴える。自分のテリトリーじゃないから手出ししようがないじゃないですか」と思っていたという。ところがL医師は、東洋医学を学び、「漢方薬の考え方というのは心と体は一つみたいな世界なわけよ。それで内的な反映が外的なものに現れるとか、外的な反映が内的に現れる」という考えを知り、「アトピー性皮膚炎は、皮膚の病気と思えなくなってきたわけ。皮膚の病気ではなく、もっと内的な問題をいっぱい抱えた結果、起こってきた」という結論に至る。

さらにそこからアンチエイジングに取り組むことにつながっていく。なぜならアンチエイジングは体の外側からだけではなく内側からもアプローチするからである。

L医師「アトピーの人でも漢方薬を出したり、あるいは朝昼の逆転をコントロールさせたり、朝に日光を浴びましょうとかいったら、改善しますよね。これはやっぱり内的なものが、外的なものに反映するんじゃないかと思ったわけ。その中でアンチエイジング、抗加齢学会の先生方の話を聞いたら、これは目から鱗の連続技なわけですよ。すべてがそれぞれにつながる。これがやっぱり本態なのかなというので、日本抗加齢学会に入って、いわゆるアンチエイジングというか、抗加齢みたいなものの切り口で見たらいいのかと」

美容整形を東洋医学に学びながら総合的に進展させようとする姿勢が、例えばL医師に見られる。

あるいはP医師のように、外科に身をおきつつも精神科と連携すべきと考える人もいる。P医師は、サイコオンコロジー（精神腫瘍学）というがん患者に対する心理的サポートを例に出しつつ、美容整形にも同じシステムを入れることを提唱する。その手前で、リエゾンナース（精神看護の専門看護師）やケースワーカーとも連携することも語っていた。

P医師「ただ単に本当に形態のこだわりの強い方なのか、あるいはメンタルに問題がある方なのかというようなことがだいたい分かってきますので。ちゃんとした精神科と、がんや何かで落ち込んだりした人をサポートするサイコオンコロジーという精神腫瘍科みたいなのがあるんですが、そういうところとか（と連携すべき）。その手前にナースでリエゾンナースというのがいます。さらにその手前にケースワーカーですね。例えば、どこかで目を治したけど変な形になって外に出られなくなったとか、引きこもっちゃったとか、食事ものどを通らない、眠れないみたいなことが出てくると、それは体に本当に影響が出てきちゃう。ただ単なる悩みみたいなものを逸脱してくるから、そういうのは一緒にサポートしていきましょうね、というところで、ケースワーカーぐらいからご紹介します。ケースワーカーはリエゾンナースに行って、もし問題があればリエゾンナースはドクターに相談しましょうという導入権を持っています」

P医師は7章3節で見たように、クライアントの要望に極力合わせる。「ものすごい微細な」手術で「それについて他の先生だとかナースだとかが『いったい何をやったんですか？』と言うぐらい、小さな傷を付けてちょっと縫ったというような（手術）内容だとしても、了解した私と患者さんが理解される内容であれば、それはもちろん意味のあること」と語る。P医師にとって、美容整形が他の人には「切って縫っただけ」と思われるようなものであっても、「患者はそれを評価している」場合は、治療になりうるものなのである。精神科とは違うことを自覚しつつも、外科に精神的な診療の意味を込めていると言っても良い。

P医師「（美容外科は）僕は、診療内科に対して診療外科的な内容の要素も持っている領域だろうと思っています。［中略］（私は）本人が困っている、困らせている変形みたいなものを、本人側に雇われて代理になって戦う戦士だろうと思っていますので」

こうして美容の医学に関わる医師の中に、東洋医学や精神科と連携していこうとする人たちがいることを確認できる。医療領域間には、序列や隔たりがあるだけではなく、領域を乗り越えて連携していく動きもあるのだ。

領域を乗り越える動きは、何も医療の領域だけとは限らない。N医師は、日本の場合、クライアントは医師たちに対して本音はなかなか言わず、本当に喜んでいるかどうかは分かりにくいことが多いと言う。緊張が前投薬などでほぐれて初めて、看護師や心理療法士に本音が出ることもよくあったそうである。その経験から、医師でない違う領域の専門家との連携を構想していた。

N医師「必要なのはビューティーコンシェルジュという一つの職種だと思うんですよ。つまりトータルに全部エバリュエートして、この人の場合にはここを（手術）すればいいとか、これとこれと組み合わせなきゃならないとか。きれいになるために、その人それぞれのパーソナルなコンビネーションなり、選択をしてくれて、ここの部分は手術をしてもいいと絞り込んでくれれば、一番こっち（医師側）はやりやすい」

筆　者「もし実現するとしたら、どういう方が適任ですか。お医者さんですか」

N医師「医者じゃないですね。素養から言えば一番近いのはエステティシャンかもしれないですよね。エステティシャンがある程度、医学知識、皮膚の知識もあって、それから美に対する感覚があって、それで他のそういうアジャンクトの方法も内容だけは理解して、それでアドバイスできれば」

多くの医師たちは分野間の隔たりや「序列」を感じていた。しかし、L医師、P医師、N医師のように、分野間や他の専門分野との連携を語る医師もいる。つまり隔たりや壁を乗り越えようという動きも存在することが分かる。

4　医師の物語

7章と8章を通じて、次のことがわかった。医師たちは外見に関する「職人」であること。美容の医学に関しては、医師とクライアントの関係は単純な上下関係ではなく、クライアントが最終決定者であること。専門分野の間で隔たりや序列があること。だがその隔たりを越える動きもあること。

以上の特徴をすべてを含んだインタビューとして、K医師の語りを最後に見ておきたい。まずK医師は、形成外科と美容外科をはっきりと分けている。そして、美容の場合はクライアントが責任を持って決めなければならないことも明言している。

K医師「(形成外科と美容外科は)全然違いますよ。もう別世界。まったく裏と表ぐらい違う。というのは、要するに保険(=形成外科)であれば、我々は『見た目は知りません』という話なので。目的が別にある。この機能が治るとか、この腫瘍がなくなるとか、そういうことを目的としていて。その後の見た目がいいとかいうことは目的にしていないので、あくまで、こちらもあまり患者さんからそういうクレームを聞く必要、耳を貸す必要のないところもあるんですよね」

筆　者「美容の場合は？」

K医師「美容の場合は違う。非常に主観的な（クライアントによる）評価があるので。ただ、病気に関しては主観的な評価ってあまりない」

筆　者「なるほど。腫瘍がなくなるか／なくならないか」

K医師「ええ。もう腫瘍がなくなれば、それで（すむ）」

筆　者「手術の傷跡がきれいか／きれいじゃないかはクレームにならない、と？」

K医師「ええ。それは要件に入っていない。知ったことではない、というのもある」

筆　者「病気が治れば、それでベストということですか」

K医師「ええ。そこから先は、治したければ自由診療でやればいい。それはあくまで患者さんの判断」

また「職人」としての現状の外科医たちを「大工」にたとえて「職人」であることも明言している。そして分野間の相違（外科と内科）の違いに触れつつも、外科が内科のようなアプローチと統合していく必要性も語られる。

K医師「特に外科というのはもともとサイエンスがないといいますか、目に見えるものなんですよね。内科って薬を飲んで、痛みが止まったり下痢が止まったりするわけで、でもその薬がどう効いているか、まったく目には見えないじゃないですか。不思議です。結局、医学が進むと手術ではない治療がどうしても増えてくる。手術ではない治療というのは、必ず後ろに必要なサイエンスがある。そういった（サイエンスのある）部分に適応していくという意味でも、我々（外科医）がこれから作る治療は、当然、患者さんにとって優しい治療が目指される。できれば切らないでいい、できれば注射で済む、できれば内服薬や塗り薬で済んでほしいという治療なので。それを開発する上で、基礎研究はもう切っても切れない」

筆　者「これまでの外科、特に美容外科では、サイエンスはあまり進められていなかったんでしょうか」

K医師「ですね。手術というのは基本的に目に見えますから、どう切ってどうつなげればうまくいくんだとか、そういう話って目に見えるので、基本的には経験的なものです。結果からこういう風にやったらこんなによく治ったよと。じゃあ、こうした方がいいんじゃないかとか。要は大工さんみたいな目に見える仕事ですよね。ですから、あんまりサイエンスではないですよね。いわゆる経験則に基づく試行錯誤。でも侵襲の少ない治療となると、サイエンスペースの医療にどうしても（移ってくる）。内科はもともとそうなわけですけどね。体の中なんて目に見えないわけですから」

筆　者「職人から科学者へという流れがあると？」

K医師「そうです。いわゆるブラック・ジャックみたいな、そういうものはだんだん古くなってきているところがあるわけなんですよね。［中略］美容業界もそうなっているし、業界じゃなくても医学自体がもうそうなっているので。例えばがんも切らないとかね」

現状の美容医療の医師たちが、ある種の「職人」であること。医師―クライアントの権力関係がねじれていて、最終的にはクライアント主導の治療となっていること。医師―医師の領域間には隔たりやヒエラルキーがあること。ただしそれらの隔たりは統合する動きがあること。K医師の語りはそれらすべてを象徴したものとなっている。[13]

図７－１（再掲）

図８－１
医師をめぐる各アクターの関係

医師とクライアントには一方的な権力関係があるわけではない。そこには相互的な関係がある。またクライアントには見えていないが、医師同士の関係性も美容医療に関して影響を与えている。そして、医師同士の関係には行政や立法が重大な影響を与えているのである（図8―1）。美容医療という事象は、それを行う人（女性）たちの心だけから生じるのではなく、彼女たちの人間関係から生じるものであり（第Ⅱ部）、さらに様々なアクター（行政や法といったものも含めて）が織りなす関係の網の目から生じる（第Ⅲ部）ものでもある。

［注］

1 http://www.jsaps.com/about/quality.html 一部省略あり。

2 ２０１８年４月より専門医制度の変更があるので変化があるだろう。

3 http://news.livedoor.com/article/detail/5926621/ 初出２０１１年10月９日18時０分Ｊ-ＣＡＳＴニュース。

4 http://square.umin.ac.jp/jsaps34/img/tokubetsuprogram.pdf

5 http://jsaps35.umin.jp/special_program.pdf

6 http://www.jsas.or.jp/member/society_101.html 一部改行を変更。傍点は筆者による。

7 http://jsaps36.umin.jp/program/pdf/special.pdf

8 とはいえ対立が皆無というわけではない。ＪＳＡＰＳの代表的な医師は、インタビューで、大学病院だからこそ「手術はしちゃいけない」「手術はしていい」を区別できる、「開業していると、だいたい開業の先生の収入の半分は宣伝費ですから、そうすると、それを回収するために来たものは何でも手術しなきゃならない」と語っていた。二つの学会が一緒になるという方向を打ち出している時期でも、「お互いに、こっち側（JSAPS）として、やっぱりそんな有象無象を入れるのはまずいと言う人もいるし、向こう側（JSAS）としては自分たちも同じように既得権を認めてくれるんじゃなきゃ嫌だ、今のままの方がうまみがあるという」として、JSAPSにはJSASの医師を「有象無象」と認識する人がいることを明らかにしている。

9 http://www.jsas.or.jp/contents/society.html

10 美容内科という標榜科目も可能である。

11 麻酔科などは例外。

12 新しい専門医制度で研修を行う基幹病院が限られることになり（例えば大学病院や規模の大きな病院）、こうした病院が指導医の確保に走ることが予想され、新専門医制度開始後に、医師は若手・中堅を問わず、指定基準に満たない市中病院や連携施設（特に地方病院）に行かなくなる（行けなくなる）ことが危惧されている。

13 もう一つK医師の語りから付け加えるべきことは、基礎研究の重要性である。美容医療というとセンセーショナルなイメージが今でもある。メディアで時に報道される見た目が派手に変わる有様や、手術の失敗によるダークなイメージなど、美容整形には善かれ悪しかれ、派手な社会的物語がついてまわる。しかし美容医療が「医療」である以上、基礎研究が大切なものとなるはずである。この点も忘れてはいけないだろう。

終わりに

「規格化と自由」「社会と個人」を越えて

外見／美容／アンチエイジング。これらは私たちを翻弄し、傷つけながらも惹きつけてきた。本当なら、私たちは「あるがまま」の姿でいることができる。太っていても痩せていても、背が低くても高くても、髪が縮れ毛でも直毛でもかまわない。まぶたが一重であっても二重であっても、シミやシワがあっても何も問題はないだろう。けれど、私たちは髪を切ったり染めたりし、ダイエットやトレーニングで体型を変え、厚底の靴を履く。「ムダ毛」の手入れや化粧を施し、時に美容外科手術や美容医療にまで手を伸ばす。なぜなのか。

一つの理由は、私たちが美容社会に煽られ、自由を奪われているからである。目指すべき身体は、「誰か」によって提示されているが、その身体は相当に規格化されたものである。美容外科手術の多くは一重まぶたを二重まぶたにするのだが、その逆はほとんどないことが規格化の事実を示唆している。私たちは、外見に関わる努力を知らず知らずのうちに強制され、自らの身体を加工することさえある。

しかし、もう一つの理由は、外見を変えることで自分を変えようと、人々が主体的に動いたからである。社会学者であるA・ギデンズ（Giddens, 1991）は、身体が自己アイデンティティの問題と密接に結びついていると指摘している。もちろん、肌や髪の色のような「どのような身体に生まれてきたか」ということもアイデンティティにとって重要ではあるが、それだけではない。ダイエットやトレーニングで引き締まった体型になったり、髪型を変えたりして「どのような身体に変えていくのか」という「選択」も重要になるのである。というのも、近代という時代が始まって以降、身体は自分の所有物となり、だからこそ自由に変えてよいという認識が広まり、そのため「身体を変形させること＝自己アイデンティティを形成すること」になったからである。

こうして従来の身体加工の議論は「規格化」と「自由」のどちらかに焦点が当たってきた。もちろん、筆者もこの視点に則った議論を行なっている。「規格化」についていえば本書第Ⅰ部のメディア分析がそれに該当するし、「自由」についていえば前著での「自己満足」の議論がこれに当てはまるだろう。

また、これまでの身体（の美化）をめぐる議論は、規格化と自由に収斂してきただけではなく、「個人」と「社会」のどちらかに焦点を当てるものが多かった。一方で「個人」に焦点を当てたものとして、美の効果やメカニズムを測る心理学的なものが代表例としてあげられるだろう。個人の動機を調べていく研究もこちらに当たる。他方で「社会」に焦点を当てたものとして、美へ駆り立てる社会規範（イデオロギー）を指摘・批判する社会学的な議論を挙げることができる。

しかし、筆者は先行研究の優れた知見を参考にしつつも、現代の事例を考えるには、他の視点が必要であると感じていた。すなわち身体に関わる議論が「規格化」と「自由」、あるいは「個人」や「社会」に偏ってしまい、議論が固定化することに対して、異なるパースペクティブを持ち込む必要性があると感じていたのである。

まずは、「個人」「社会」だけではなく、さまざまなアクターの「間」にある普段の「関係性」をすくいあげること。「関係性」に焦点を当てた結果、「自由」「規格化」の内実をより明確化できること。この二つを目指したのである。アクター間の関係性への注目が、個人の動機や社会規範を明らかにするだけではなく、日常に埋め込まれた美容への誘《いざな》いをあぶり出すことになると考えたのであった。

本書を振り返る

第Ⅰ部ではメディア分析を通して「外見をめぐる社会規範」を明らかにしようとしてきた。1章では、化粧品広告や美容雑誌を検討して、第二次世界大戦以前の美容の言説には科学的要素が強く、１９６０～70年代には自然を強調するものが増えるが、１９８０年代以降に再び科学の要素が強まることを確認した上で、第二次大戦以前と80年代以降の「科学」の違いを分析した。その結果、第二次大戦以前の科学は「西洋」を模した「衛生」を目指すものであり、80年代以降の科学は化学における「成分」を中心としたものであるという違いが分かった。ただし成分などの科学的知識は、花や果物といった自然のイメージを付与され、科学と自然は両輪となって消費者に届けられていることも確認した。

2章では、医療化の問題を扱って、2000年代以降に創刊された女性向け雑誌のテキストマイニングを行い、自然現象である「老い」を「病」とみなす認識があることを見出した。シミやシワもかつての雑誌では「できる」ものとして描かれていたが、今や「治療」対象として描かれる。治療によって得られる身体は、「変更」された身体ではなく、「本来」の身体であると語られ、「本来」と「医療」——すなわち「自然」と「科学」——が結び付けられていたことを見出した。

3章では、美魔女への批判を検討することで、女性に課された二つのスタンダードを明らかにした。美魔女批判は、「若く美しくあれ」という規範への批判である反面、女性を「若作りは禁忌である」という呪縛する呪文でもあった。

メディア分析全体を通じて分かるのは、「外見をめぐる社会規範」は、相反する要素が共犯関係のように絡まりあう形で存在していることである。美容雑誌や化粧品広告における言説は科学信仰を促すが、その科学は自然から取り出したものと語り、医療を利用するがそれは「本来」の身体を取り戻すためだと主張する。その上で、老いは一種の病として記述される。

人々を美容に駆り立てる言説の作用は、相反する要素を取り込むことで、強化され、根深くなっていく。美容整形への熱は高まることはあっても冷めることはないと予測される。

（ただ本書では、２０１０年以降のＳＮＳの影響については考察できていない。実際には、インスタグラムなどを使って美容整形を紹介することは頻繁に行われている。この点については、今後の課題としたい。）

第Ⅱ部は、「美容整形（＝美容外科手術や美容医療）を志向する人々がどういった人なのか」をインタビューとアンケートを組み合わせながら調査分析した、本書の中心となる箇所である。これまでの方法論を見直して、美容整形の動機を直接問う「動機の語彙」を収集しつつ、動機と直接には関係なさそうな日常的な「コミュニケーション」を明らかにすることで、美容整形を志向する人たちの特徴を明らかにした。その際には、美容整形を希望する人／しない人の比較分析を試みている。

５章では、美容整形の動機の語彙として、近年では「自己満足」が挙げられるが、「自己満足を語る際の自己とはどんなものなのか」を探った。具体的には、美容整形を望む（行う）人々の社会的属性、身体意識、および美容整形を望む意識を規定する要因を明らかにしている。美容整形を望む人は、圧倒的に男性よりも女性に多く、年代、学歴、既婚・未婚などは、希望者と非希望者の間で特筆するほどの差異は見られない。年収は美容を望むことを規定する要因になっており、経済的な余裕も無関係ではなかった。身体意識としては、「自己満足」を標榜しながらも、一つには「他者評価」を気にする特徴と、もう一つには「外見の老化を感じる」「身体に関する社会の常識を守るべきという考えを持たない」という特徴が見られた。自己―他者―社会の三者関係を措定した場合、「自己」と「他者」は自分の視界に入っているが「社会」は後景化しているような身体観といえよう。

6章では、美容実践を行う人（女性）にとっての「他者」とはいったい誰なのかについて調査分析を行った。美容整形をめぐる「他者」は、先行研究では、「異性（男性）」や「社会」が想定されてきたが、美容整形を志向する人にとって実際に重要なのは、同性（女性）の友人と同性（女性）の家族であった。女性同士は競争して美容整形を実践すると考えられてきたが、むしろ親密なコミュニケーションを通じて行うことが見出された。

これまでの身体（の美化）をめぐる議論の多くが、日常に埋め込まれた女性たちの関係性や、あるいは女性たちの社会的属性には関心を払ってこなかった。だが、美容整形への誘いは、日々の生活に組み込まれ、埋め込まれているものである。第Ⅱ部は、女性たちの社会的属性や、日常のコミュニケーションに注目し、埋め込まれた美容整形への「欲望のカケラ」を明らかにしていった。

第Ⅲ部では、メディアや美容整形を受ける人々に注目するだけではなく、施術する側の医師にも焦点を当てることが必要であると考え、医師たちへのインタビューを行った。7章では、医師とクライアントの関係を中心に観察している。医師と患者の関係といえば、医師が上位で患者が下位の権力関係が想定されがちだが、美容の医療現場では、単純で一方的な権力関係とはいえなかった。医師がクライアントに決定を委ねる側面も多々あり、ややねじれた関係性があるといえよう。また、8章では、同じ名前の学会が並立している事実や、医師たち自身の語りから、（クライアントには見えていないが）医師同士の関係性には、隔たりや序列があることを見出した。そして、医師同士の関係に序列が作り出された要因として、行政や立法の立ち遅れを指摘している。しかし、同時に医師の中から隔たりを越えようとする動きがあることも確認した。

日常に埋め込まれた美容への誘《いざな》い――アクターが織りなす関係の網の目

本書の冒頭の問い「美容整形への契機は何か」に答えよう。美容整形の契機は、日常の生活世界に埋め込まれた、女性同士の会話やうわさ話、友人や家族の美容経験である。別の言い方をするなら、女性たちのネットワークにおけるコミュニケーションの中に契機は生じるのである。したがって、これまで美容整形は「外見の競争に参戦するための手段」と考えられてきたが、むしろ女性たちが同性との協同に参加して生じるものといえるだろう。

そして、美容整形という事象は、それを行う人（女性）たちの「心」だけから生じるのではない。まずもって彼女たちの日常的な人間関係に強く規定されている。同性の家族や友人とのコミュニケーションの影響は大きい。その上、メディアの影響も軽視できない。例えば老いを感じることが美容整形へのプッシュ要因であることと、メディアで老いを病と記述することは関連があると考えられる。さらに、彼女たちと医師らの関係、医師同士の関係性にも、美容整形の契機は影響を受けるだろう。また医師同士の関係性は行政や立法に強く影響を受けていることも明らかになっている。かように美容整形は〈様々なアクターが織りなす関係の網の目〉から生じるのである（図9-1、9-2参照）。

身体（外見）は個人の所有物である。だから、個人のモチベーションを調べることは第一に重要である。同時に、身体は社会による構築物でもある。個人によって自由に変えてよい（とされている）が、社会が身体の変更を強力に規定している。したがって第二に、身体に関わる社会規範を明らかにしていくことも重要である。だが、それだけではない。第三に、身体にまつわる現象が〈様々なアクターが織りなす関係の網の目〉から生じることに気づく時、アクターの「間」の関係性を明らかにしなければ、身体現象は読み解けないことにも気づくのである。しかも、アクター同士の関係は、権力関係だけではなく、協力関係を含めたさまざまな関係がありえることも重要である。今後も、身体現象を読み解くには、多様なアクターの関係性を丁寧に見ていく必要があるだろう。

本書の特徴は、身体を個人や社会に属する問題ではなく（＝議論を個人の動機や社会による

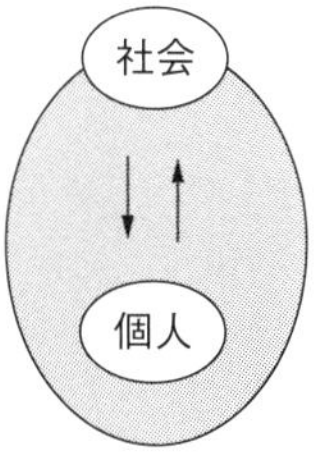

社会規範と個人の動機が重要

図９−１　これまでの議論の模式図

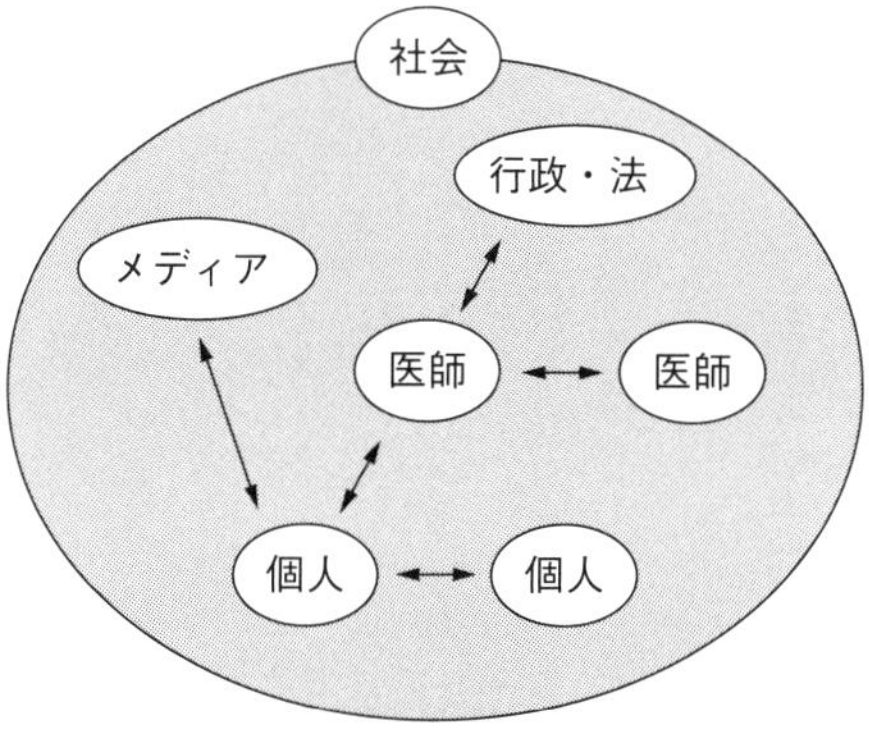

アクター間の関係性と相互作用が重要

図９−２　本書の議論の模式図

規格化に収斂させずに）、その間の「相互作用」すなわちコミュニケーションの問題として俎上にあげようとしたところにある。ゆえに、こう言い直すことも可能であろう。身体（外見）は、個人の所有物であると同時に社会による構築物でもあるが、人と人の間で生成する現象でもあるのだ、と。

あとがきにかえて

本書は私の3冊目の単著です。前に執筆してからかなりの時間が経っていますが、その間、大学や学会の業務、共同研究の原稿執筆をなんとかこなしながら、自分自身の研究テーマ「美容を目指した身体加工」の調査を細々と続けてきました。ささやかな成果が本書になります。

この場を借りて周りの方々にお礼を申し上げたいと思います。お名前を一人ひとりあげることはしませんが、刺激を与えてくれる研究仲間、支えてくれる友達、そして大切な家族に深く感謝しています。本当にいつもありがとうございます。私一人では、研究をすることはおろか、生きていくことすらできなかったと思っています。

また、出版を勧めてくれた花伝社の佐藤恭介さん、インタビューと調査票調査に答えてくださった方々、お医者様たち、本書を読んでくださった方々にも感謝を捧げます。この本を出せたのは皆さんのおかげです。

本書の初出は以下の通りです。ただし元の原稿から修正・加筆されています。

はじめに　書き下ろし

1章「化粧広告と美容雑誌に於ける科学――1980年代以降を中心に」2013年、西山哲郎編『科学化する日常の社会学』世界思想社、51～88頁

2章「ミドルエイジ女性向け雑誌における身体の「老化」イメージ」2013年、『マス・コミュニケーション研究』日本マス・コミュニケーション学会、第83号、5～29頁

3章「複雑化する美の呪縛――ある批判言説を読み解く」2015年、『情報研究』（関西大学総合情報学部）、第42号、47～55頁

4章　書き下ろし

5章「美容整形・美容医療を望む人々――自分・他者・社会との関連から」2012年、『情報研究』（関西大学総合情報学部）、第37号、37～59頁

6章「美容整形というコミュニケーション：外見に関わり合う女性同士」、2017年、『フォーラム現代社会学』16号、関西社会学会、3～14頁

7章　書き下ろし

8章　書き下ろし

終わりに　書き下ろし

参考文献

阿部勘一、２０１２「消費社会の普遍性と『消費社会論』」『成城大学経済研究』（１９７）成城大学経済学会、１３５−１７３頁。

Balsamo, A., 1992, "On the Cutting Edge: Cosmetic Surgery and the Technological Production of Gendered Body", *Camera obscura,*10(1.28), Duke University Press, 206-237.

Beck, U., Giddens, A., Lash, S., 1994, *Reflexive Modernization : politics, tradition and aesthetics in the modern social order,* Stanford University Press（＝松尾精文、小幡正敏、叶堂隆三訳、１９９７『再帰的近代化：近現代における政治、伝統、美的原理』而立書房）。

Black J., A., & Garland, M., 1975, *History of Fashion,* Orbis Publishing Ltd.（山内沙織訳、１９８５『ファッションの歴史　上』ＰＡＲＣＯ出版）。

Blum, V., 2003, *Flesh Wounds,* University of California Press.

Bordo, S., 2003, *Unbearable Weight: feminism, Western culture, and the body*, University of California Press.

Conrad, P., & Schneider, J., W., 1992, *Deviance and Medicalization: From Badnessto Sickness,* Temple University Press.（＝進藤雄三、杉田聡、近藤正英訳、２００３『逸脱と医療化』ミネルヴァ書房）。

Corson, R., 1972, *Fashions in Makeup: From Ancient to Modern Times,* Peter Owen Publishers（＝ポーラ文化研究所訳、１９８２『メークアップの歴史——西洋化粧文化の流れ』ポーラ文化研究所）。

コルバン、アラン、１９８２＝１９８８『においの歴史』新評社。

クラブコスメチックス株式会社、１９８３『クラブコスメチックス80年史』。

Davis, K., 1995, *Reshaping the Female Body*, Routledge.

Davis, K., 2003, *Dubious Equalities and Embodied Differences: Cultural Studies on Cosmetic Surgery*, Rowman & Littlefield Publishers.

Featherstone,M,. 1991, *Consumer Culture and Postmodernism,* sage.（川崎賢一・小川葉子監訳、１９９９、２００３『消費文化とポストモダニズム』上・下、恒星社厚生閣）。

—— 1995, *Undoing Culture,* Sage.（西山哲郎・時安邦治訳、２００９『ほつれゆく文化』法政大学出版局）。

Fraser S., 2003, *Cosmetic Surgery, Gender and Culture*, Palgrave Macmillan.

フリードソン、エリオット、１９９２『医療と専門家支配』進藤雄三・宝月誠訳、恒星社厚生閣。

Gill, R., Henwood, K., McLean, C., 2005, "Body Projects and Regulation Normative Masculinity", *Body & Society*, vol.11(1): 37-62.

Gimlin, D., L., 2002, *Body Work: Beauty and Self-Image in American Culture,* University of California Press.

Gimlin, D. L., 2007, "Accounting for cosmetic surgery in USA and Great Britain: A cross-cultural analysis of women's narratives", *Body& Society*, 13(1), Sage, 41-60.

Greenlees,I.A., & McGrew, W., C., 1994, Sex and age differences in preferences and tactics of mate attraction: Analysis of published advertisements, *Ethology and Sociobiolgy*, The Human Behavior and Evolution Society, 59-72.

Haiken, E., 1997, *Venus Envy,* Johns Hopkins University Press.

Hakim, K., 2011, *Honey Money-The Power of Erotic Capital,* Penguin Books LTD.（＝田口未和訳、２０１２『エロティック・キャピタル』共同通信社）。

長谷川公一、浜日出夫、藤村正之、町村敬志、２００７『社会学』有斐閣。

橋本嘉代、2012「ライフスタイルの多様化と女性雑誌――1970年代以降のセグメント化に注目して」吉田則昭・岡田章子編『雑誌メディアの文化史――変貌する戦後パラダイム』森話社。

Holliday,R., 2013, *Gender, Place and Culture*, Routledge.

古田香織、2008「女性雑誌を読み解く」『言語文化論集』30（1）名古屋大学大学院国際言語文化研究科、61-73頁。

飯島伸子、1988「美容の社会学序説――美容行為の性差」『桃山学院大学社会学論集』21（2）151-174頁。

Illich,I., 1975, *Medical Nemesis.: Medical Nemesis, the Expropriation of Health*, Calder & Boyars.（=金子嗣郎訳、1979『脱病院化社会――医療の限界』晶文社）。

井上章一、1991『美人論』リブロポート。

井上俊他編『病と医療の社会学』岩波書店。

井上輝子、1989「女性雑誌研究の現代的意義」井上輝子+女性雑誌研究会編『女性雑誌を解読する』垣内出版株式会社、3-28頁。

井上輝子、1992『女性学への招待』有斐閣。

石井政之、2003『肉体不平等――ひとはなぜ美しくなりたいのか?』平凡社。

Jeffreys, S., 2000, "Body Art and Social Status: Cutting, Tattooing and Piercing from a Feminist Perspective", *Feminism and Psychology* 10(4), Sage, 409-429.

カイザー, S. B., 高木修・神山進、1994『被服と身体装飾の社会心理学』上巻・下巻、北大路書房。

神山進、1999「被服によるジェンダーの表示」神山進編『被服行動の社会心理学』北大路書房、54-67頁。

笠原美智子、1998『ヌードのポリティクス』筑摩書房。

河原和枝、2005『日常からの文化社会学』世界思想社。

Keller, E. F., 1992, *Secrets of life, Secrets of death*, Routledge（=1996、広井良典訳『生命とフェミニズム』勁草書

房）。

北原みのり、２０１３「現代の肖像　チーム美魔女」『ＡＥＲＡ』２０１３年1月28日号、朝日新聞社、48-52頁。

小林盾・谷本奈穂、２０１６「容姿と社会的不平等――キャリア形成，家族形成，心理にどう影響するのか」『成蹊大学文学部紀要』成蹊大学文学部、99-１１３頁。

小松秀雄、２００２「現代社会におけるエイジズムとジェンダー」『女性学評論』(16)、神戸女学院大学、23-42頁。

栗原彬、１９８６「「老い」と〈老いる〉のドラマトゥルギー」伊東光晴ほか編『老いの人類史』岩波書店、11-48頁。

栗原彬、１９９７「離脱の戦略」井上俊他編『成熟と老いの社会学』岩波書店、39-60頁。

蔵琢也、１９９３『美しさをめぐる進化論』勁草書房。

栗田宣義、２０１６「ルックス至上主義社会における生きづらさ」『社会学評論』66（４）、日本社会学会、５１６-５２３頁。

Latour,B.,1987, *Action - How to Follow Scient Ists & Engineers Through Society*, Harvard University Press.

Latour,B., 1999, "On recalling ANT" ,Law J., Hassard, J., (Eds.), *Actor Network Theory and After* (Sociological Review Monograph),Blackwell Pub,15-25.

Latour,B., 2005, *Reassembling the Social: An Introduction to Actor-Network-Theory* (Clarendon Lectures in Management Studies), Oxford University Press.

Lorence, *Z.*, P., and Hall, T., 2004, *Little Work: Behind the Coors of a Park Avenue Plastic Surgen*, St. Martin's Press.（＝安藤由紀子訳、２００５『セレブな整形』文藝春秋）。

見田宗介、１９９６『現代社会の理論――情報化・消費化社会の現在と未来』岩波新書。

三田村蕗子、２００５『愛と欲望のコスメ戦争』新潮社。

宮淑子、１９９１『美の鎖――エステ・整形で何が起こっているか』汐文社。

諸橋泰樹、１９８９「醜い化粧品広告、太る痩身・整形広告」、井上輝子＋女性雑誌研究会編『女性雑誌を解読する』垣内出版株式会社、１０４-１４６頁。

諸橋泰樹、２００１「『マスメディアの女性学』がめざすもの」『フェリス女学院大学文学部紀要』36号、フェリス女学院大学、13-１００頁。

Mosdell, M., 1995, *The new mirror makers*, Tokyo: Macmillan languagehouse.

村松太郎、２００４「脳から見たボディイメージと美の認識」『こころの科学』１１７号、日本評論社、19-25頁。

中島美佐子、２００５『よくわかる化粧品業界』日本実業出版社。

中村うさぎ、２００３『美人になりたい』小学館。

成田龍一、１９９３「衛生意識の定着と「美のくさり」」『日本史研究』№３６６、日本史研究会、64-89頁。

根岸圭、２００７「美容医療で美しく」『東京女子医科大学雑誌』77（８）、４６８頁。

Nettleton , S., 1995, *The Sociology of Health and Illness.*, Polity Press.

西倉実季、２００１「美容外科にみる女性身体の医療化」『Sociology today』12、お茶の水社会学研究会、40-55頁。

小川眞理子、１９９９「フェミニズムと科学／技術」『思想としての科学／技術』岩波書店、１５２-１８０頁。

荻野美穂、１９９６「美と健康という病――ジェンダーと身体管理のオブセッション」井上俊ほか編『病と医療の社会学』岩波書店。

小倉千加子、２００３『結婚の条件』朝日新聞社。

Pacteau, F., 1994, *The Symptom of Beauty*, Reaktion Books Ltd.（＝浜名恵美訳、１９９６『美人』研究社）。

Parker, R., 2009, *Women, Doctors and Cosmetic Surgery*, Palgrave Macmillan.

Pitts-taylor, V., 2007, *Surgery Junkies: Wellness and Pathology in Cosmetic Culture*, Rutgers University Press.

Rudd, N.A. & Lennon, S.J. 1999 "Social power and appearance management among women" K.K.P. Johnson & S.J. Lennon (Eds.), *Appearance and Power*. Berg, 153-172.（＝高木修他監訳、２００４『外見とパワー』北大路書房）。

佐野山寛太、２０００『現代広告の読み方』文藝春秋。

白波瀬丈一郎、２００４「美と思春期」『こころの科学』１１７号、日本評論社、14-18頁。

Sullivan D., A., 2004, *Cosmetic Surgery: The Cutting Edge of Commercial Medicine in America*, Rutgers University Press.

高松操、２００９「私がみた化粧品開発の現状と問題点」化粧文化研究者ネットワーク第16回研究会、口頭発表、未印刷。

田中雅一、２００９「フェティシズム研究の課題と展望」田中雅一編『フェティシズム論の系譜と展望』京都大学学術出版会、３-38頁。

谷本奈穂、２００８『美容整形と化粧の社会学――プラスティックな身体』新曜社。

谷本奈穂、２０１２「美容整形・美容医療を望む人々――自分・他者・社会との関連から」『情報研究』（37）関西大学総合情報学部、37-59頁。

谷本奈穂、２０１３ａ「化粧品のミュージアム――その困難と可能性――」石田佐恵子・村田麻里子・山中千恵編『ポピュラー文化ミュージアム』ミネルヴァ書房、１０３-１２５頁。

谷本奈穂、２０１３ｂ「化粧品広告と美容雑誌における科学――１９８０年代以降を中心に」西山哲郎編『科学化する日常の社会学』世界思想社、53-88頁。

谷本奈穂、２０１３ｃ「ミドルエイジ女性向け雑誌における身体の「老化」イメージ」『マス・コミュニケーション研究』第83号、日本マス・コミュニケーション学会、５-29頁。

谷本奈穂、２０１５「美容――美容整形・美容医療に格差はあるのか」山田昌弘・小林盾編『データで読む現代社会：ライフスタイルとライフコース』新曜社、35-48頁。

谷本奈穂、２０１７「外見と自分らしさ」藤田結子・成実弘至・辻泉編『ファッションで社会学する』有斐閣。

谷本奈穂・西山哲郎、２００９「部族化するおしゃれな男たち」宮台真司・辻泉・岡井崇之編『「男らしさ」の快楽』勁草書房、49-78頁。

立岩真也、２００２「医療の転換 生存の争い——医療の現代史のために１」『現代思想』30（2）、青土社、１５０-１７０頁。

Thévenot, L., and Lamont, M., 2000 *Rethinking Comparative Cultural Sociology: Repertoires of Evaluation in France and the United States*, Cambridge University Press.

千葉ます子、１９２５「必らず美人となる化粧法」『婦人出世の礎』講談社。

陶智子、２００７「礼儀作法としての化粧」塚本登喜男、佐藤朝美編『日本の化粧文化』資生堂、１３７-１６６頁。

辻正二、２００１『高齢者ラベリングの社会学——老人差別の調査研究』恒星社厚生。

東京アートディレクターズクラブ編、１９６７『日本の広告美術——明治・大正・昭和２ 新聞広告・雑誌広告』美術出版社。

上野千鶴子・湯山玲子、２０１２『快楽上等！』幻冬舎。

内田孝蔵、１９２５「眼を美くする醫學的美容法」『婦人出世の礎』。

Walster, E., Aronson, V., Abrahams, D., & Rottman, L., 1966, "Importance of physical attractiveness in dating behavior," *journal of Personality and social Psychology*, 16, 508-516.

Weber, M., 1922, "Die 'Objektivität' sozialwissenschaftlicher und sozialpolitischer Erkenntnis.", *Gesammelt Aufsatze zur Wissenschaftslehre*. J.C.B.Mohr.（＝冨永佑治・立野保男訳、１９８８『社会科学と社会政策にかかわる認識の「客観性」』岩波書店）。

Wolf, N., 1991, *The Beauty Myth: How Images of Beauty Are Used Against Women*, William Morrow.（＝曽田和子訳、１９９４『美の陰謀——女たちの見えない敵』ＴＢＳブリタニカ）。

山川浩二編、１９８７『昭和広告60年史』講談社。

吉木伸子、２００８『大人のスキンケア再入門』光文社文庫。

谷本奈穂（たにもと・なほ）
大阪大学人間科学部卒業、同大学院修了。博士（人間科学）。現在、関西大学総合情報学部教授。
単著に『美容整形と化粧の社会学』（新曜社）、『恋愛の社会学』（青弓社）。
編著に『博覧の世紀』（福間良明・難波功士と共編、梓出版社）、『メディア文化を社会学する』（高井昌吏と共編、世界思想社）。

美容整形というコミュニケーション――社会規範と自己満足を超えて

2018年6月20日　初版第1刷発行
2023年7月25日　初版第2刷発行

著者 ――― 谷本奈穂
発行者 ―― 平田　勝
発行 ――― 花伝社
発売 ――― 共栄書房
〒101-0065　東京都千代田区西神田2-5-11出版輸送ビル2F
電話　03-3263-3813
FAX　03-3239-8272
E-mail　info@kadensha.net
URL　https://www.kadensha.net
振替 ――― 00140-6-59661
装幀 ――― 生沼伸子
印刷・製本 ― 中央精版印刷株式会社

ISBN978-4-7634-0858-7 C0036